カナダはなぜ
イラク戦争に
参戦しなかったのか

War against Iraq:
Why did Canada not participate?

吉田健正［著］
Yoshida Kensei

高文研

もくじ

第三章　カナダと米国の関係――経済と軍事

第四章　カナダの多国間協調主義

第五章　反米と親米の間でゆれるカナダの宿命

装丁＝商業デザインセンター・松田　礼一

「今日、法の支配は世界中で危機に面している」

「（国連には）安全保障理事会のように強制能力は存在するものの、いつも公正あるいは効果的に行使されるとは限らない、と多くの人が感じている。法の支配は、たとえば人権委員会などで真面目に発動されることがあるが、発動する側の言葉と行動は必ずしも一致しない」

コフィ・アナン国連事務総長

（二〇〇四年九月二一日・第五九回国連総会開会式における一般演説）

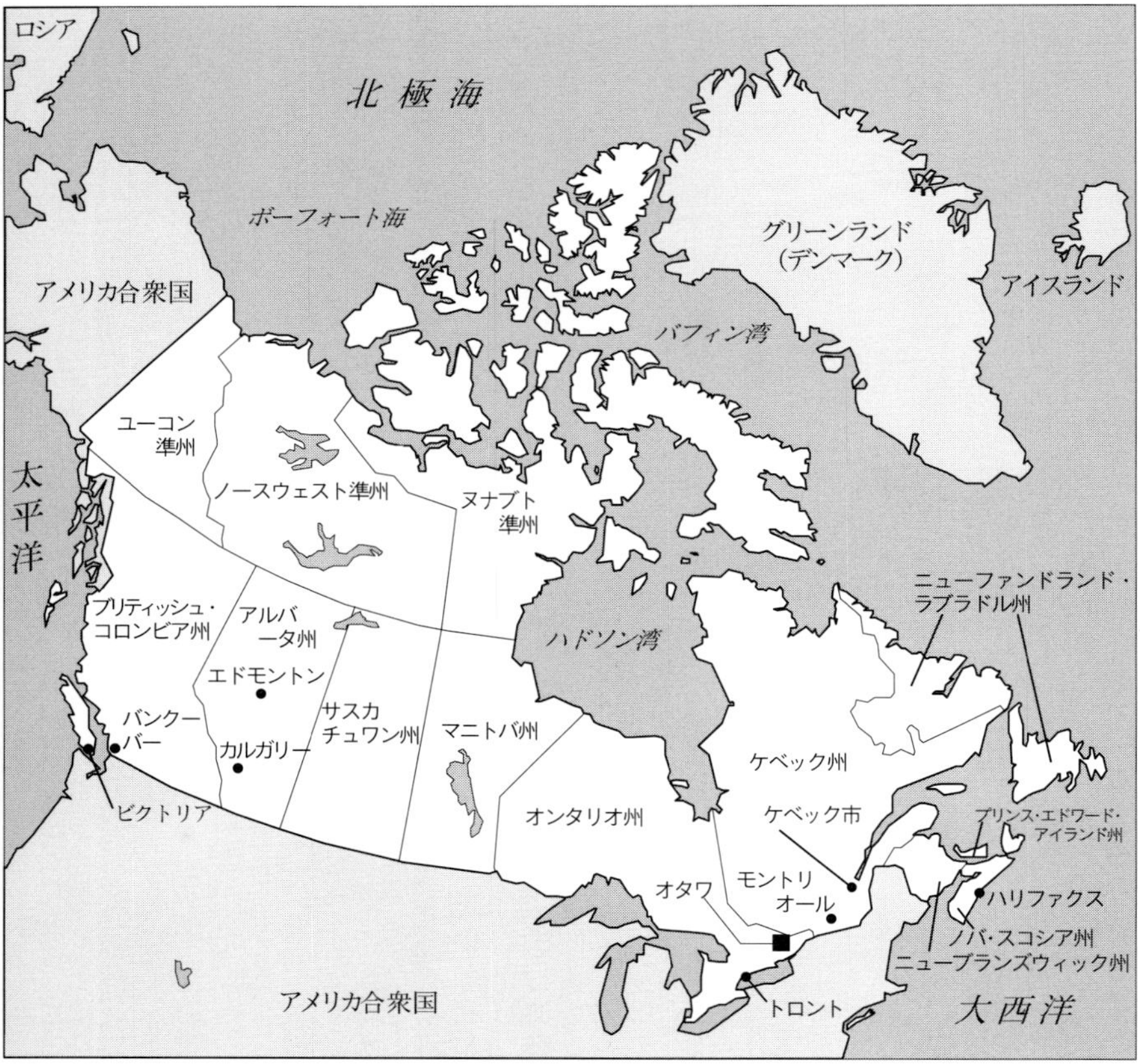
ロシア
北極海
ボーフォート海
アメリカ合衆国
グリーンランド
(デンマーク)
アイスランド
バフィン湾
ユーコン
準州
ノースウェスト準州
ヌナブト
準州
太
平
洋
ブリティッシュ・
コロンビア州
アルバ
ータ州
ハドソン湾
ニューファンドランド・
ラブラドル州
エドモントン
サスカ
チュワン州
マニトバ州
バンクー
バー
カルガリー
ケベック州
ビクトリア
オンタリオ州
ケベック市
プリンス・エドワード・
アイランド州
オタワ
モントリ
オール
ハリファクス
ノバ・スコシア州
ニューブランズウィック州
アメリカ合衆国
トロント
大西洋

はじめに

二〇〇三年三月、米国および英国にとって兄弟のような存在とも言えるカナダが、両国による対イラク戦争に、参加を拒んだ。

カナダのジャン・クレティエン首相が、三月一七日、連邦議会の下院（日本の衆議院に相当）で、カナダは国連安全保障理事会における新たな決議がなければ対イラク攻撃に参加しないと言明したのである。首相は、「イラクは国連安全保障理事会の決議を完全に履行しなければならない、とカナダ政府は考えている。（ただし）カナダが軍事作戦に参加するには安保理の承認が必要だ、とわれわれはずっと明言してきた。ここ数週間、安保理は軍事行動を認める新たな決議を採択することに合意できなかった」と説明したうえで、こう述べた。

カナダは、安保理における意見の違いを埋めるために、一生懸命妥協案を探し求めてきた。残念ながら、それはうまくいかなかった。もしも新たな安保理決議なしで軍事行動が進めば、カナダは参加しない。

議場には拍手が鳴りわたった。世論調査によれば、クレティエン首相の姿勢をカナダ国民のほぼ七割が支持した。米国のイラク攻撃を支持したのは国民の三分の一に満たなかった。同年二月末から三月にかけて世界中で繰り広げられた反戦デモにも、トロントで約五万人、モントリオー

カナダ連邦議事堂（左）と氷結したリドー運河でスケートを楽しむ人々（写真提供／カナダ大使館）

ルで約一〇万人、気温零下の首都オタワで数千人、そのほかの都市でも合計数万人が参加したと言われている。

三月二〇日、米軍戦艦からフセイン政権の中枢施設へトマホーク・ミサイルが撃ち込まれた。Ｆ―17戦闘機やＦ―15Ｅ戦闘機はイラクのミサイル発射基地などを攻撃した。

ブッシュ大統領が「われわれにつくか、テロリストにつくか」と世界に選択を迫っていたにもかかわらず、国務省（三月一八日）によれば「有志連合」に参加したのはわずか三〇カ国。米国上院（三月二七日）は五〇の国名をあげたが、そのうち当初に部隊を派遣したのは英国、オーストラリア、ポーランド、デンマークの四カ国に過ぎなかった。

イラクを「脅威」と見なすと宣言したのは、日本やコスタリカなどを含む三二カ国、「外交的・戦略的支援」を表明したとして感謝されたのはスペインやイタリアを含む一六カ国であった。

そのいずれにも、米国の隣国・カナダは入っていなかった。

カナダの連邦政府首相は二〇〇三年一二月、クレティエンから同じ自由党のポール・マーティンに代わったが、そのマーティン首相もイラクへの参戦を引き続き拒否し、カナダ軍を派遣していない。

米国とおよそ九〇〇〇キロ（ほぼ北緯四九度線に沿って六四〇〇キロ、北のアラスカとの間に二五〇〇キロ）の長さにわたって国境を接し、かつて北米航空宇宙防衛軍（NORAD、〈一二二ページ参照〉）と北大西洋条約機構（NATO。一九四九年に西側諸国が設立した集団防衛機構）によって、米国の下で旧ソ連を盟主とする東側陣営に対峙したカナダ。

対外輸出の九割近くが米国市場向け、対外輸入のほぼ七割が米国から、というカナダ。

米国資本がカナダの主要産業に深く入り込んでいる一方で、米国のエネルギー需要の一端をになっているカナダ。

日常的に米国のテレビ番組を視聴し、米国で出版された本・雑誌・新聞を読み、国境を越えて買い物に出かけ、自由や民主主義を含む政治的理念や多くの文化や習慣を共有し、冬には暖かい

第二次世界大戦中、出征する兵士たちと見送る家族（写真提供／カナダ大使館）

フロリダやハワイで過ごし、アメリカ国内に友人・知人・親戚も多いカナダ人。

カナダは諸外国から見ると、米国の一部か、あるいは米国と運命共同体にさえ見える。

カナダはまた、かつては大英帝国の一員として英国に忠誠を誓い、現在もエリザベス女王を憲法上、自らの君主としている。国章には女王の王冠や英国国旗があしらわれ、いわゆる英連邦（ザ・コモンウェルス）の主要メンバーでもある。

しかもカナダは、軍事行動そのものを否定しているわけではない。第一次世界大戦や第二次世界大戦、あるいは朝鮮戦争（一九五〇年に勃発、五三年に休戦協定成立）や湾岸戦争（一九九〇年八月にイラクが隣国クウェートに侵攻して同国を併合したため、国連決議をへて翌年一月に米国を中心とする多国籍軍がイラクを攻撃、一カ月余の戦闘でイラクを降伏させた）にも加わった。

第二次世界大戦後は、スエズ動乱（一九五六年、エジプトのナセル大統領のスエズ運河会社の国有から生じたエジプトと英仏およびイスラエルとの武力紛争。別名、第二次中東戦争）をはじめ、幾多の国連平和維持活動にも参加した。一時期と比べて活動地域や参加要員を大幅に縮小したとはいえ、二〇〇三年二月の時点では、バルカン半島、キプロス、シリア、シナイ半島、イラク・クウェート国境、西サハラ、エチオピア、グアテマラ、ハイチなどでカナダの軍人、警察、文民などが平和維持活動に従事していた。

二〇〇一年九月一一日の同時多発テロ事件を契機にブッシュ大統領が唱えた「テロとの戦い」には、早くから支持を表明し、米英のアフガニスタン攻撃の際には、ペルシャ湾に駆逐艦二隻、軍用ヘリコプター、支援・監視機、二〇〇人の要員（事務、兵站、司令部勤務）などを派遣した。

そのカナダが、米国が主導するイラク攻撃には参加を拒否したのである。カナダには、たとえ米英と共同行動をとらなくても、少なくともその軍事行動を支持するという選択肢もあったはずであるが、あえてその道を選ばなかった。理由は、国連安保理の決議によらない、大義に欠けた戦争だから、ということにあった。いわば、もっとも信頼すべき弟が、兄の振る舞いを正当性や協調性に欠けた身勝手な行動だとして、同調を拒んだのである。

英国をはじめ、イタリア、ポーランド、デンマーク、オーストラリアなどが「大量破壊兵器」の所持や同時多発テロとの関連ゆえにフセイン政権を武力で打倒すべきだというブッシュ大統領の説明や、「味方につくか、テロリストにつくか」という挑発的な協力呼びかけに応じて軍隊を派遣したのに対して、カナダ政府とカナダ国民は、なぜ最大の同盟国で、もっともつながりの深い隣国の説明を信用せず、戦争参加への呼びかけに応じなかったのか。

周知のように、米国のイラク攻撃の「大義」は米国内で失われ、米国の情報にもとづいて自らの戦争参加を正当化した国々でも「大義」をめぐって政府が揺れた。ポルトガル軍は、〇四年二月にイラクを撤収した。スペインは、〇四年三月の列車爆破事件のあと政権が代わり、三カ月後にイラク派遣部隊を引き揚げた。ポーランドでは大統領自らがイラクにおける大量破壊兵器の存在について米国政府に「だまされた」と述べ（〇四年三月）、政府は部隊を削減し、究極的には全面撤退することを表明した。デンマークでは、「イラクに大量破壊兵器は実在する」と断言していた国防大臣が辞任に追い込まれた（〇四年四月）。他にも、派遣部隊を引き揚げたり、縮小したりした国は少なくない。

安保理での審議継続と「大量破壊兵器」捜査の継続を求める、国連を中心とした多国間協調による解決を求めるカナダの努力は報われなかった。しかし、ここには明らかに、対米一辺倒に走りがちな日本の外交政策とは異なる価値観が存在する。カナダが、どのような価値観にもとづいて、多くの利害を共有する最大の親友と言うべき超大国の協力要請を断ったのか。それを明らかにすることによって、超大国の単独行動主義に追随するほか選択の道はないという日本を含む国々の考えに、別の選択肢が存在し得ることが示されるだろう。

「米国は、世界中の支持をあおがなければならない。そのため、『文明の衝突』と見られることは、絶対に避けなければならない。国連を最大限に活用することでそのリスクは最小限に抑えられる」と、クレティエン首相は米国に助言したが、米国は単独行動に走り、クレティエンが懸念したような状況を招いた。しかし、ドイツ、フランス、ロシア、カナダなどのほかに、他の国々が協調して米国に圧力をかければ、米国にブレーキをかけ得たかも知れない。

また日本では、米国に協調しなかった場合の報復や軍事同盟関係への悪影響がとりざたされたが、カナダはどのような報復を受けたのだろうか。その点についても探ってみたい。

米国――および米国の単独行動主義を支持する国々――の「世界観」とは異なる別の「世界観」があり得ること、そしてカナダという軍事小国といえども、国際的な問題には一部の評論家や国際政治学者が唱える、力による「現実的アプローチ」とは異なる別の方法を選択し得ること、それを示すのが本書のねらいである。

本書の構成は以下の通りである。

第一章でまずカナダが二〇〇一年九月一一日に米国で起きた同時多発テロにどう反応したかを短く紹介したあと、その後のイラク戦争になぜ参加しなかったのかを、とりわけクレティエン首相の発言を中心にすえて検討する。

第二章では、カナダが参加しなかった背景を考えるため、米国とカナダの生い立ちにさかのぼって、両国の性格の違いを明らかにする。米国とカナダは、地図上では単に北米大陸に境界線を引いただけのように見えるが、成立もその後の発展も大きく異なる。カナダにとって、米国は強大な兄のような存在であり、脅威、羨望、協調、友好、対抗の対象として、その陰で生き延びなければならない運命にあった。それがまた、カナダに米国とは異なる社会や外交を生んだ。

第三章では、経済、国際関係、軍事などの面から両国の関係を検証する。カナダは、米国と経済や防衛の面で共存関係あるいは依存関係ともいうべき、きわめて緊密な関係を維持している。社会的・文化的交流などを含めると、両国の関係は日米関係の比ではない。このような事情があったにもかかわらず、カナダは日本と異なり、イラク戦争への参加を拒否した。なぜそうせざるを得なかったのだろうか。また、どうしてそれが可能だったのだろうか。

それを理解する一つの鍵が、カナダの外交政策の柱となっている多国間協調主義にある。上記のように多方面で米国ときわめて緊密な関係にありながら、あるいはそれゆえに、カナダは独自の外交を展開してきた。それが、国連の精神にそって、できるだけ武力によらないで国際秩序を維持しようという多国間協調主義である。

そこで第四章では、カナダの国際協調主義を特徴づけるミドル・パワー意識、国連平和維持活動、対人地雷全面禁止条約への取り組みなどについて論じる。

第五章では、イラク戦争に戻って、この戦争への参加をめぐるカナダ国内の代表的な賛否両論を紹介する。カナダ政府の参戦拒否に、国民すべてが賛同したわけではなかった。カナダが上記のように米国とほとんど運命共同体とも言うべき存在であり、対米関係を重視せざるを得ないとすれば、イラク戦争について対米協調を支持する声が起こるのは当然である。にもかかわらず、カナダ政府が米国を支持しなかったのはなぜなのか、論争を通じて見えてくるはずである。

最後の章で、クレティエン政権を継いだポール・マーティン政権がどのような外交・防衛施策をとっているかについて検討するとともに、カナダのイラク戦争不参加が米加関係にどのような影響を及ぼしたかを考える。

一方、日本はカナダと異なる道を選んだ。単にイラク戦争だけではない。そこで、「あとがき」では、日本がどのようにカナダと異なる道を歩んできたのかを簡単に検証する。日本が国連安全保障理事会入りを目指す国家であることを自認するならば、果たしてこれまでの政策が最善のものであったのか、国際的に尊敬されるものであったのか、イラク戦争における対米支持について他に選択の道はなかったのかを示すためである。

各章の流れを通じて、カナダが米国主導のイラク戦争になぜ加わらなかったのかを理解していただければ、幸いである。筆者にとっては、『カナダの外交――その理念と政策』（御茶の水書房、編訳）、『国連平和維持活動――ミドルパワー・カナダの国際貢献』（彩流社）に次ぐカナダの外交論である。関心を持たれる読者は、これらの拙著にも目を通していただければと思う。

第一章　カナダは参戦せず

「二〇〇一年九月一一日」の衝撃

繰り返しテレビ放映されたニューヨークの世界貿易センタービルへのあの突撃シーンに、多くのカナダ国民が息をのんだ。映像そのものが衝撃的だったが、とりわけニューヨーク市はカナダ人にとって親近感のある観光地であり、仕事で出かける場所であり、知人・友人の多いところだからだ。

衝撃の波は何日間も続いた。まず米国のすべての空港が閉鎖された結果、飛行中だった数百機の国際便航空機は引き返すか、カナダへの迂回を求められた。航空機が毎分一機または二機の割合でカナダ空域に進入し、合計二二四機の旅客機と一〇機の輸送機が着陸を認められ、およそ二七〇機がUターンを余儀なくされた。

およそ四〇機が到着したカナダ大西洋沿岸のノバ・スコシア州ハリファクス空港では赤十字などが中心となって臨時宿泊所で乗客を世話したほか、見知らぬ外国人を自宅に泊める人もいた。乗客のなかには休暇で来た子どもたちも混じっていたが、ボランティアの助けで、大きな問題は起こらなかったようだ。あとで、地元の人々のもてなしに感謝して奨学金制度が設けられたり、新しい「友人」や「親戚」を訪問する人々がいたりした。大西洋沿岸のニューファンドランド州やノバ・スコシア州、内陸部のマニトバ州やノースウェスト準州（注1）では、カナダ軍の施設が乗客や乗務員の休息のために開放された。

バンクーバー国際空港には、テロ当日、延べおよそ六〇〇〇人の乗客を乗せた三四機が退避した。市当局をはじめ、企業や一般市民も宿泊所の提供を申し出たが、空港や旅行会社の手配で何とか自主対応できたという。ただし、空港内に泊まった人も二〇数人いた。空港は、その晩から翌日にかけて閉鎖された。限定的ながら離着陸が再開されたのは一三日の朝、ほぼ通常業務に復帰したのは一九日であった。

沿岸の警備態勢を強化し、今後さらに続くかも知れないテロ攻撃の被害者を救出・輸送するために、補給艦、駆逐艦、フリゲート艦に待機命令が下された。災害時に緊急人道支援を行う災害救援対応チーム（ＤＡＲＴ）も、いつでも出動できるようにした。ＣＦ―18戦闘機も、ＮＯＲＡＤ（北米航空宇宙防衛軍）の指令があればいつでも発進できるよう、国内各所で待機した。

テロ犠牲者のなかに二四人のカナダ人が含まれていることもわかった。たまたまニューヨーク市を訪問中の人、商用で世界貿易センタービルにいた人、そこで働いている人などだ。

テロから三日後の九月一四日には首都オタワの議事堂前で追悼式が開かれ、一〇万人近くの人々が米国国旗を手に参加し、クレティエン首相とセルーチ駐加米国大使が追悼の挨拶をした。さらに九月二三日には世界的に有名なカナダ出身の歌手セリーヌ・ディオンなどが「国境なき音楽」と題するコンサートを開き、ニューヨーク消防士救援基金と赤十字に売上金を寄付した。東はハリファクスから西はビクトリアまで、献血運動が展開され、多くの市民が呼びかけに応えた。

アフガン戦争には参加

カナダ政府は、カナダをテロの脅威から守るための対テロ法を議会に上程し（二〇〇一年一二月に制定）、テロリストの早期発見・処罰、テロ活動資金源の捕捉などとあわせて、憲法で保障された基本的自由や権利の保護、（民族的）憎悪をあおる犯罪やプロパガンダに対する取り締まりの強化も約束した。

二〇〇一年一〇月七日の午後八時四五分（現地時間）、米英軍がアフガニスタンのタリバン政権に守られたオサマ・ビンラディンがひそんでいると思われるところや軍事施設に空爆を開始した。アフガニスタン攻撃は、テロに対する国際的な戦いということで、九月一二日に国連安保理がお墨付きを与えていた。

九月二〇日には、エグルトン国防大臣が米国などＮＡＴＯ諸国との軍事交流プログラム（兵士や下士官が他国の軍隊に短期間所属して共同訓練を行う）に参加している一〇〇人強のカナダ軍兵士に、同盟国の対テロ作戦に参加するよう指示。一〇月四日には、ロバートソンＮＡＴＯ事務総長が外部からの一加盟国への攻撃は全ＮＡＴＯ諸国への攻撃と見なして反撃するという集団的自衛権発動を宣言。そして一〇月七日、クレティエン首相がカナダは対テロ活動に陸・海・空軍部隊を派遣すると表明し、米国の「不朽の自由作戦」を支援する「アポロ作戦」の発動を宣言した。

翌八日、エグルトン国防相はアポロ作戦の概要を発表した。カナダ合同南西アジア任務部隊（タスクフォース）司令官のもと、米中央軍（ＣＥＮＴＣＯＭ）の管轄に入って参戦するというものであった。カナダ軍の規模は最大時に三〇〇〇人近くに達した。朝鮮戦争以来、カナダが海外に派遣した最大の部隊であった。軽歩兵（＝ライフル兵）七五〇人は、米陸軍タスクフォースに編入された。派遣されたカナダ軍の中には合同タスクフォース２（ＪＴＦ２）という精鋭突撃部隊も含まれていた。

二〇〇二年五月四日には、カンダハル空軍基地の近郊（連合軍の訓練指定区域）で夜間実弾演習中にカナダ軽歩兵隊所属の四人が爆死し、八人が負傷した。米沿岸警備隊員が操縦していたＦ16戦闘機が落とした二二五キロ爆弾によるものと判明した。

納得できないイラク戦争の正当性

米国での衝撃的なテロについては怒りと同情をあらわし、国境警備を強化し、アフガニスタンでの作戦にも参加したカナダであったが、英米によるイラク戦争については協調しなかった。米国政府が主張するイラク攻撃の「正当性」に納得できず、国連安全保障理事会の支持を欠いた先制攻撃に、ブッシュ政権の「正義」を見ることができなかったからである。

そもそも、カナダ国防法は、カナダが戦争できるのを、①緊急時のカナダ防衛、②国連憲章に基づいてカナダがとった行動の結果、③北大西洋条約、北米航空宇宙防衛協定などカナダが加わっている防衛機構のもとでカナダがとった行動の結果、という三つの場合に限定している。アフガニスタン戦争への参加は、国連決議（「自衛のための戦争」）だけでなく北大西洋条約（「一加盟国への攻撃は全加盟国への攻撃と見なす」）にも合致していた。したがって、イラク攻撃に関するカナダ政府の立場は、二〇〇三年三月二〇日の戦争勃発よりはるか前から明らかであった。

ブッシュ大統領が施政方針演説でイラクや北朝鮮およびそれぞれの「テロリスト同盟国」を「悪の枢軸」と呼び、フセイン政権の打倒を示唆したのは二〇〇二年一月二九日である。大統領はフセイン政権が、「過去一〇年以上にわたって炭疽菌、神経ガス、核兵器を開発しようとたくらみ」、「すでに毒ガスで何千人もの自国民を殺害し」、「国際的な監査に同意しながら監査官を追放した」と非難し、イランおよび北朝鮮とともに「重大で、ますます増大する危険」を呈していると述べた。そして、米国はすでに世界無比の超軍事大国であったにもかかわらず、「自由と安全」を守るためと称して「二〇年間で最大の防衛費増額」を要求した。

それから二週間後の二月一四日、カナダのビル・グラハム外務大臣は、次のように述べていた。

誰もサダム・フセインは支持していない。しかし、国際政治においては、プロセス（手続き）が必要だということはみんなが認識している。主権国家に侵攻するには、その理由がなければならない。そうでなければ、国際的な混乱が起こる。

同月、貿易促進のためドイツを訪れていたクレティエン首相も、「カナダはテロリズムについて米国とともにある」と述べる一方で、カナダが「国連または北大西洋条約機構の決議にもとづく国際的な反テロ同盟の一員である」として、「国連または北大西洋条約機構の決議（のもとで行動する）」という言葉を注意深く付け加えた。

米国政府のイラク攻撃への動きはその後さらに高まり、五月にはチェイニー副大統領が海軍大学校での演説で対テロ戦争がイラクへ拡大する可能性を示唆し、八月末には大量破壊兵器の拡散を避けるためと称してイラクへの早急な先制攻撃を呼びかけた。イギリスのブレア首相は、フセイン排除の戦いに加わると表明した。

これに対し、クレティエン首相は七月に行われたカナダ放送協会（ＣＢＣ）のインタビュー（放映は九月一〇日）で、世界の貧しい国々とその民衆が彼らに対する強大国の扱い方に「多大な憤慨」を抱いているとして、「他者に屈辱感を与えるほどに権力を振るってはいけない。西洋世界――アメリカだけでなく――が学ばなければならないことだ。彼ら（貧しい国の人々）も同じ人間だから。現実に目を向けないと、一〇年後、二〇年後、三〇年後にその報いが出てくる」、世界は貧しい国々に対し「あまりに豊かになりつつある」、西欧世界は「傲慢で、自己満足しており、貪欲で、（しかも）限度を知らない」と述べた。九・一一の同時テロ事件は、彼にこうしたことをいっそう認識させた、という。米国が自らの武力（や経済力）を手加減しないで行使しており、そのことが貧しい国々から反発を受ける原因をつくっている、と言いたかったのであろう。

さらに、スイスを訪問中の同首相は、八月三〇日、テロとの戦いにおいてはこれまでどおり米国と共闘を組むとしながらも、米国のイラク攻撃決定を支持するには、「サダム・フセインと（対米同時多発）テロの間に明確な関係」があったことを裏付ける、より明確な証拠が必要、との姿勢を示した。

首相は、帰国後、次のように述べて、その姿勢をさらに鮮明にした。

サダム・フセインがすばらしい民主主義者だとは思わない。（イラクに）別の指導者がいたらいいと思う。しかし、それは、世界の他の多くの指導者についても言えるだろう。

グラハム外相によれば、首相の言葉には「世界には大量破壊兵器を所持している国が多数あり、われわれはそれらの国々すべてを攻撃することはできない」との意味が込められていた。フセイン政権が大量破壊兵器を所持し、西側諸国をこのような兵器で攻撃しようとしているという確かな証拠がなければ、戦争は支持できない、というのである。

「カナダは米国の五一番目の州ではない」

クレティエン首相は、その直後（二〇〇二年九月九日）、デトロイトでブッシュ大統領と会談している。その際、イラクを攻撃する前に国際協調態勢をつくるよう、また軍事行動をとるなら国連を通じてやるよう、大統領に進言したという。

九月一六日、カナダ下院の外交委員会はイラク戦争に関するカナダの役割について緊急会議を開いた。イラク問題を解決するためカナダは外交手腕を発揮すべきだというのが、その結論であった。しかし、中立的な立場で仲介役を演じるべきかどうかについては意見が割れた。保守系カナダ同盟のレオン・ベノアが指摘したように、すでに一九九一年に湾岸戦争に参加したカナダが、中立的役割を果たせるはずはなかったのである。一方で、米国を怒らせることがあっても、客観的立場を崩すべきではないという委員も多かった。

クレティエン首相の説得にブッシュ大統領が応じなかったのは、言うまでもない。それどころか、ブッシュ大統領は九月一七日、「アメリカ合衆国の国家安全保障戦略」を発表し、「ならずもの国家と彼らが支援するテロリストたちが米国、同盟諸国および友邦諸国に対して大量破壊兵器を使用すると脅かし、あるいは実際に使用する前に、それを阻止する用意をしておかなくてはならない」と述べた。そして、テロに対する国際協調を説く一方で、国内外の権益を守るためには「単独行動」もあり得る、また必要があれば「先制攻撃」も辞さない、と公言した。いわゆる「ブッシュ・ドクトリン」である。

同年一〇月のＣＩＡ報告によれば、「イラクは国連の諸決議および諸制限に違反して大量破壊兵器開発計画を続け」ており、国連の制限を超えた飛距離をもつミサイルのほか化学・生物兵器を有して」いた。のちに、米上院特別委員会が「憶測にもとづく……誇張した」報告と断定した「国家情報評価」である。

その後、一一月はじめには、国連安保理が全体一致で決議一四四一（日本語訳は国際連合広報センターの記事資料02-104-j〈二〇〇二年一二月一三日〉「安全保障理事会決議一四四一〈二〇〇二〉」を参照）を採択する。決議は、イラクの大量破壊兵器開発疑惑について厳格な査察を実施するため、イラクのあらゆる施設への無条件・無制限の立ち入りや国内外でイラク人科学者の事情聴取を行う権限を、国連監視検証査察委員会（ＵＮＭＯＶＩＣ）と国際原子力機関（ＩＡＥＡ）の査察団に与えた。そして、イラクに「重大な義務違反」があれば「深刻な結果に直面するであろう」と、武力行使の可能性を警告した。この決議は、イラクに武装解除を求めたもので、実際の武力行使を正当化するには不十分と考えられた。

イラクは四年ぶりに査察を受け入れ、決議にしたがって査察団に武器申告書を提出した。一万二〇〇〇ページにおよぶこの申告書で、イラクは大量破壊兵器の所持を否定したが、米国は独自の調査によりイラクがこうした兵器を所持しているという「明らかな証拠」をもっているとして、申告書の信憑性を一蹴した。米国にとって開戦はすでに既定の方針であった。米国は、イラクが査察妨害をしていると非難したが、それは開戦への単なる口実に過ぎなかった。

こうした米国の姿勢について、クレティエン首相は、一二月一八日に行われた定例の年末記者会見で、国連監視検証査察委員会が査察結果の報告を提出したら、あとは（米国ではなく）国連がイラク対応の主導権を握るべきだとして、「もし査察官たちが『何も発見できなかった』と言い、サダム（フセイン）も『われわれは何も持っていない』と言うのなら、米国は彼らが間違っていることを証明しなければならない」と主張した。

政府の対応について、カナダ国内では当然、米加関係への影響を憂慮する声が発せられた。しかし、クレティエン首相は「カナダは米国の五一番目の州のごとく振る舞うべきではない。相手がすばらしい友人であろうと、カナダの利益を守るのが私の役目だ」と述べて、独立国家の首相としての矜持を示した。そのカナダの利益とは、米国が求めている軟材（針葉樹）への課税要求に抵抗すること（一三七ページ参照）や、国防費よりヘルスケア（医療保障、九五ページ参照）に力を入れることである、と説明した。

「世界唯一の超大国」に自制を呼びかける

米国は、フセインが大量破壊兵器を所持していると主張し続けた。たとえば一二月一九日には、イラクが炭疽菌を含む生物兵器、長距離ミサイル、核兵器を所持していないというきちんとした証拠を明らかにしていないという広報資料を国務省が発表していた。

明けて二〇〇三年一月二八日には、ブッシュ大統領が年頭教書で、「もしフセインが全面的に武装解除しないならば、われわれはわが国民の安全と世界の平和のため、彼の武装を解くための連合軍を送り込む」と述べ、「中東とその周辺」に集結しつつあった米軍に「決定的な時間が目前に迫っているかもしれない」と告げた。二月五日には、パウエル国務長官が国連で、衛星写真などを駆使してイラクが大量破壊兵器を隠し持っているという「証拠」（注2）を示した。米国の攻撃開始は、すでに、時間の問題だった。

クレティエン首相が、シカゴの外交問題評議会で講演したのは、〇三年二月一三日である。翌日は、国連監視検証査察委員会のブリクス委員長と国際原子力機関のモハメド・エルバラダイ事務局長が、イラクで「大量破壊兵器」が発見されたかどうか安保理で報告することになっていた。

この首相のスピーチは、イラク戦争と、米国、国連に対するクレティエン政権の基本的な考え方を示していると思われるので、多少長いが、一部を紹介しておきたい。

首相はまずカナダ経済の堅実さを強調したあと、米加間の安全保障上および貿易上の力強いパートナーシップに触れ、「わが国の外交政策の中心にあるのは、もちろん米国である。両国は、他のいかなる二国とも異なる形で結ばれている。われわれの安全と繁栄は、相互に依存し合っている。われわれは前世紀の三つの大戦（筆者注・朝鮮戦争を含む）で肩を並べて戦い、冷戦時代を通じてともにソ連の脅威に耐えさせてくれたＮＡＴＯやＮＯＲＡＤのような安全保障機構をともに作り上げた。そしていま、新たな脅威に直面して、共通の安全保障を確保する新たな方策を作りつつある。われわれは強力なテロ防止法を採択し、より厳しい安全対策に予算措置を講じたし、国境線各地の警官、移民担当官、関税官を増やした」と述べた。さらにまた、カナダが米国に天然ガス、電力、発電用ウラニウム、石油などを大量かつ安定的に供給していることを指摘した。

首相は、続いて、両国の国際的な役割について、次のように述べた。

わが国はグローバルな問題に対するマルチラテラル・アプローチ（多国間協調路線）への強い信念を築き上げてきた。われわれがいかに強力であれ、一国だけではうまく対応できないグローバル・テロリズムの脅威、犯罪、汚職、大規模な環境汚染、その他の挑戦に直面しているいま、このアプローチが以前にも増して必要となった。ますます一体化する世界を管理するには、国連、世界貿易機関、米州機構、北大西洋条約機構といった多国間組織が不可欠である。

そして、「カナダと米国は価値観を共有しているため、このような機関では通常意見が一致する。共通の危険、すなわちサダム・フセインがもたらす危険に直面しているいまは、とりわけそうだ。われわれは湾岸戦争に参加したし、（イラクに対する）国連の制裁措置も一貫して支持してきた。われわれは国連の諸決議をフセインに守らせようとする米国のリーダーシップを認め、尊重する」と述べたうえで、こう付け加えたのである。

明日、イラクが一四四一決議を遵守しているかどうか、ブリクス博士が世界に告げる。フセインが、これほど遅くなったとはいえ、彼の国民を計り知れない苦難から救うやり方で行動することを、全世界が願っている。ようやく国連の一四四一決議への全面的な遵守を示すやり方で行動することを、全世界が願っている。フセインが国際社会の願いにしたがうのを拒否するなら、世界は（それに合わせて）対応するだろう。戦争は最後の手段でなければならない。それがもたらす人的被害のためだけでなく、避けがたい不測の結果のためだ。もし戦争が避けられないなら、世界は国連を通じて対応すべきだ。それこそ、こうした状況下で軍事力の行使に正当性を与える最善の方法だからだ。

クレティエン首相は、さらに、「大量破壊兵器の拡散については、みんなが懸念を抱いている。手遅れになる前に行動が必要だというのはよくわかる。しかし、米国の長期的利益は、単独行動より、国連を通じての行動によってより満たされる」と、米国にこう自制を呼び掛けた。

世界唯一の超大国であることの代償は、その動機がときに他国の疑念を招くということだ。巨大な力は、他者から良性なものだと受け取られるとは限らない。世界のみんなが米国の主張を言葉通りに受け取るわけではない。カナダは米国の目的を強く支持する。われわれは長い間、親友で同盟国であった。米国は、世界中の支持をあおがなければならない。そのため、「文明の衝突」と見られることは、絶対に避けなければならない。国連を最大限に活用することでそのリスクは最小限に抑えることができる。米国がこれからの数日間にどう行動するかは、将来に深刻な結果をもたらすだろう。ときとして困難でイライラするかも知れないが、できるだけ国連を通じて動くことが、米国だけでなく、米国を支援したい世界中の国々の力を大いに高めることを確信している。

首相は、一九三〇年代に国際連盟が崩壊したのは米国がそのメンバーでなかったからだという話も持ち出して、米国が国連と協調するよう訴えた。

しかし、前述のように、この時点でブッシュ政権はすでにイラクへの単独攻撃を決めていた。それどころか、クレティエン首相がシカゴで講演したちょうどその日、ブッシュ大統領は、フロリダ州で海軍兵士を相手に、「サダム・フセインは化学兵器開発計画とこれらの兵器を使用する手段をもっている。サダム・フセインは生物兵器開発計画とこれらの兵器を使用する手段を持っている。彼は核兵器製造に必要な物資を秘密裏に入手しようとした。サダム・フセインは、アルカイダのメンバーを含むテロリストを支援・保護している」と述べた。そして、安保理決議一四四一に触れて、「自由諸国は、国連が役立たずで、現実と無関係な弁論部みたいなものとして歴史のかなたに消え去っていくのを許さないだろう」と批判し、「自由諸国」が「平和と自由への脅威」に立ち向かう「気骨と勇気」を示すのを期待していると語った。

米英の新決議案への支持は日本とオーストラリアだけ

ところが翌二月一四日、国連監視検証査察委員会のブリクス委員長と国際原子力機関のモハメド・エルバラダイ事務局長が安保理で行った報告は、一一週間におよぶ査察の結果、大量破壊兵器は発見できなかった、という内容のものであった。イラクが化学兵器、生物兵器、核兵器を所持している可能性は否定しなかったものの、所持しているという確証も得られなかったのである。ブリクス委員長とエルバラダイ事務局長は、もっと時間が必要だと訴えた。

その二日後の二月一六日、米国のパウエル国務長官は、必要なのは査察にさらに時間をかけることではなく、イラクが武装解除をすることだとして、次のように述べた。

われわれは、こうした恐ろしい兵器がわが都市のどこかに姿を見せるのを待って、アルカイダかほかの誰かが爆発したあとで、それはいったいどこから降ってわいたか、考えるわけにはいかない。今こそ、この種の兵器のありかを追究しなければならないのだ。決議一四四一が求めていたのは、まさにそれだ。

米国政府は、一四四一決議に盛られた「深刻な結果」という言葉は、武力行使を意味すると述べていたが、その解釈に異を唱えるフランスやドイツなどの意向を汲んだのか、英国とスペインの支持を得て、イラクが期限内に同決議を守らなければ武力行使を行う、という「最後通告」を盛り込んだ新しい決議案を安保理に提出する構えを見せた。しかし、そうした決議案が安保理で採択されるという保証はなく、いずれにせよ米英はまもなくイラク攻撃を開始するだろうという予測が高まった。

こうした中で、カナダ政府は二月一九日、安保理メンバー以外の国から意見を聞く安保理の公開会議で、ひとつの妥協案を提示する。

それは、①一四四一決議に盛られた「深刻な結果」の意味をより明確化する、②イラクが生物・化学・核兵器を所持していないことを示す新たな期限を設定する、③それまでにイラク政府が武装解除しなければ軍事的制裁もやむを得ない、という内容であった。クレティエン首相は、会議に先立ち、安保理メンバーのドイツ、ロシア、フランス、メキシコ、安保理に入っていないイタリアやオーストラリアの首脳に、電話で提案内容を知らせたという。

カナダのハインベッカー国連大使は「カナダの政府と国民は、この危機の平和的解決を望んでおり、また平和的解決はまだ可能だと信じている」と述べ、出席していた多くの国の代表から拍手で賛同を得た。この時点で、新たな安保理決議案を求めようという米英スペインを支持していたのはオーストラリアと日本だけであった。

さらに一〇日後の二月二八日には、メキシコ訪問中のクレティエン首相が「政権交替（要求）を始めたら、どこで終えるのか。それが問題だ。次は誰の番だ。リストと優先順位を見せてくれ」

と述べ、一四四一決議が求めているのはイラクの武装解除であって、政権からのフセイン追放ではない、と米国を厳しく批判した。イラク問題は国連の傘のもとで解決すべき、という姿勢も変わらなかった。

そして、三月一七日、本書の冒頭に書いたように、安保理のお墨付きがなければ、カナダはイラク戦争に参加しない、とカナダ政府の公式見解を連邦下院ではっきり示したのである。

三月一八日から二〇日にかけて行われた世論調査は、国民の六六％が同首相のイラク政策を支持し（一カ月前より八ポイント上昇）、国連が承認しないイラク攻撃には参加しないという政府の決定を六九％が支持した。カナダも米国とその同盟諸国に加わってイラクと戦うべきだ、というのは、回答者の三〇％に過ぎなかった。三月二一日に『トロント・スター』紙が報じた世論調査でも、国民の七一％がイラク戦争には正当性がないというクレティエンの姿勢を支持し、六〇％が米国の軍事行動に反対していた。カナダのテレビや新聞も、ほぼ戦争支持・ナショナリズム一色の米国のマスメディアとは対照的に、冷静な報道と分析を続けていた。

しかし、カナダの妥協案が開戦を急ぐ米英の支持を得られるはずはなく、安保理で正式に取り上げられることもなかった。

米英とスペインが二月二四日と三月七日に提出した新しい決議案も、安保理で拒否権をもつフランスやロシアといった常任理事国だけでなく、非常任理事国のシリア、パキスタン、メキシコなどからも異論が出て、採択される可能性は少なかった。この決議の採択いかんにかかわらず米英が攻撃を開始するだろうという予測が高まった。

そして事実、ブッシュ大統領は三月一七日に国民向けのテレビ演説を通じて「サダム・フセインとその息子たちは、四八時間以内にイラクを離れなければならない。拒否すれば戦争になる。その開始時間はわれわれが決める」という内容の最後通告を発表した。しかしフセイン政権は通告を無視し、米英は三月一九日（米国時間。イラクでは二〇日）に空爆を開始した（注3）。

ここに至って、クレティエン首相は三月二五日、ようやく米国への支持を表明した。記者から「米国の勝利を望んでいるか」と聞かれて、こう答えたのである。

もちろんだ。私は、サダム・フセインの勝利を望まない。サダム・フセインは、われわれが同意できない多くのことをやってきた。われわれは（米国による）この介入には反対だが、介入が始まった以上、それが早期に終わり、被害も最小限にとどまるよう期待している。

米国の「失望」

米国としては、もっとも近い「親戚」と言ってもよい隣国・カナダの支持——軍事的支援でなくても精神的支援（モラル・サポート）だけでも欲しかったはずである。しかし、ブッシュ大統領、ラムズフェルド国防長官、パウエル国務長官、あるいは他の米国政府高官が直接カナダに支持を求めたり、カナダを非難したりすることはなかった。

ただし、クレティエン首相が米国支持を表明したその日、トロントのカナダ経済人クラブで講演したポール・セルーチ駐加米国大使（前マサチューセッツ州知事）が、カナダが対イラク「有志」連合に加わらなかったことに失望の意を表した。カナダがペルシャ湾岸に派遣している戦艦やパトロール機が同地域で米国への支援を表明している四六カ国の大半より実際に対テロ戦争に貢献していると評価しつつも、カナダを「家族の一員」と考えている米国の「失望」をあらわにした。カナダが脅《おびや》かされれば米国は馳せ参じるのに、カナダが米国を応援しないのは不思議だ、と多くのアメリカ国民が思っている、というのである。これは、ブッシュ政権と多くの米国国民の意見を代弁したものだったろう。

大使は特に「ブッシュ大統領は、ステーツマンでない。アメリカ国民だけでなく世界をがっかりさせた」というハーブ・ダリワル資源大臣の発言と、アルバータ州首相（注・米国の知事に相当）が大使に送った米国を支持する趣旨の手紙に対する連邦政府の異なる対応を問題にした。政府は手紙に対しては批判的だったのに、閣僚のブッシュ批判は容認した、というのである。

ただセルーチ大使は、両国の経済面・安全保障面での協力の進展を指摘して、イラクに関する意見の相違が将来の関係をゆがめることはないだろうと、次のように述べた。

今日の争点が軟材（一三七ページ参照）、イラク戦争、あるいはその他の何であれ、今後とも手を組んでいく必要がある。カナダと米国の国民のためにやらなければならないことは多い。両国の関係は深く、長期的だ。われわれは互いに依存し合っている。

講演後、大使は記者団に「失望」という言葉を数回も使ったという。米国が貿易協定を通じてカナダを罰するのではないかと問われたが、その際も、「それは両国の経済的利益にならない」と述べた。「どのような波及的影響が出るか、見守るほかない」というのが大使の答えであった。

三月末には、ホワイトハウスのリチャード・バウチャー報道官が、記者会見で「カナダを含む緊密な同盟国の一部が緊急な行動の必要性に同意しないことに失望した」と述べた。ワシントンにある戦略・国際研究所のカナダ専門家クリストファー・サンズによれば、米政府内ではカナダの信頼性が失われつつある、という。

両国の新聞や雑誌、あるいはインターネットには、カナダ政府やカナダ人の対応を「冷淡」だとか「友好国にあるまじき態度」といった、アメリカ人からの非難の言葉が飛び交った。

「意見が合わなくても良き友人」

記者団からセルーチ大使の「失望」発言についてコメントを求められたクレティエン首相は、次のように述べて、自らの立場をくずそうとしなかった。

もちろん米国は失望している。われわれも、この問題で合意できなかったことに失望している。しかし、独立した主権国家として、われわれはときに意見が合わなくても、良き友人でいられる。

首相は、米加関係が双方にとって重要であり、カナダが決して米国を見捨てているわけではない、とも語った。テロとの戦いでは米国と協調しているし、アフガニスタンにも部隊を派遣する、テロと戦っている人々を保護するために戦艦も派遣した、というのである。イラクの戦後復興への協力姿勢も見せた。カナダは、すでに六〇〇万ドルの供与を決めており、額をさらに増やす意向も示していた。

グラハム外相も、この日、カナダは決して国連の承認なしの政権交替を望まない、「多国間協調制度の枠内」にとどまる、というのがカナダの変わらぬ立場だ、と強調した。そして、紛争が始まった以上、「その結果には無関心ではおれない」として、短期間で終わって欲しい、それが世界にとっても、米国国民にとっても、イラク国民にとってもベストだ、と述べた。外相は、下院外交委員会で、「戦争に勝つのは、平和を獲得するよりやさしい。戦後処理をうまくやるには、多国間による方法しかない」として、国連の活用を改めて訴えた。

セルーチ大使のカナダ批判発言を受けて、連邦下院では右派政党・カナダ同盟のスティーブン・ハーパー党首が「政府は、いつ正気に戻って、友邦・米国と同盟国を支援するのか。政府は、われわれ（カナダ国民）を困惑させている」と非難した。これに対し、クレティエン首相は（ダリワル大臣など）与党議員の発言は「カナダが独立国であることを世界に示している」と反論する一方で、大使が述べたように、カナダが湾岸地域で戦艦によるパトロールを行うなど米国とともに対テロ戦争に加わっていると指摘した。一方、保守党とは対照的に、左派の新民主党はこうした戦艦と乗組員の撤退を求めた。

（注1）準州とは、カナダ北方にある連邦政府直轄領（ユーコン、ノースウェスト・テリトリーズ、およびヌナブット）を指す。

（注2）米国が対イラク開戦の大きな理由として掲げたフセイン政権の大量破壊兵器については、二〇〇四年一月、米中央情報局＝ＣＩＡのデイビッド・ケイ特別顧問が、ラジオで、イラクに大量破壊兵器が存在したとは思わないとの見解を発表した。イラクで大量破壊兵器を捜索する米調査団の団長を務めてきたケイは、実際は大量破壊兵器は存在しなかったのに、情報機関が戦争前にその存在を肯定したのはなぜかと疑問を呈した。

開戦直前には国連安保理であれほど自信をもってイラクの大量破壊兵器開発を「証明」してみせたパウエル国務長官も、二〇〇四年四月、トレーラーが大量破壊兵器製造施設だったというのは、確実な証拠に基づくものではなかったと認めた。さらに同年九月一三日には、米上院政府活動委員会の公聴会で、情報機関が情報源から間違った情報を与えられていた、フセイン政権が備蓄していたという大量破壊兵器を発見できなかったし、今後も発見できないだろう、と証言した。

（注3）二〇〇四年九月一六日、アナン国連事務総長は英国ＢＢＣとのインタビューで、イラク戦争は国連憲章上、「違法」であったと述べた。国連事務総長が米国の対イラク攻撃を国際法違反と断定した意味はきわめて大きい。

第二章

「反米」の歴史とカナディアン・アイデンティティ

カナダはイラク戦争に加わらなかった。その理由を、単にクレティエン政権の政策だけに求めることはできない。また、両国の地理的、経済的、政治的、あるいは文化的（人間的）つながりを考えれば、カナダが米国を支援しなかった根拠を現在の両国関係に見つけるのは逆に難しい。根はもっと深いところにある。そこで、両国の生い立ちにさかのぼってみよう。

ヨーロッパから北米大陸に渡った人びと

北米大陸は、もともと、先住民の土地であった。のちにインディアンやエスキモー（あるいはイヌイット）と呼ばれるようになる人々である。多くの部族に分かれて住んでいた先住民の地に、一五世紀から一六世紀にかけて、ヨーロッパから富や土地を求めて、まず探検家たち、毛皮商人たち、宣教師たち、そして開拓者（植民者）たちがやってきた。やがてスペインは中南米から北米大陸の中西部にかけて、フランスは大西洋側のセントローレンス川沿いから内陸部のミシシッピー川沿いにかけて、そしてイギリスは大西洋沿岸一帯を支配するようになる。

フランスは、一六〇五年に北大西洋北岸（現在のカナダのノバ・スコシア州）にポール・ロワイヤル砦を建設して以来、ケベック・シティを中心とするセントローレンス川沿いに領土を拡張した。その主たる目的は、フランスの領土拡張もさることながら、当時のヨーロッパで需要の高かったビーバーの毛皮を入手することにあった。領土は、湖や河川に沿って、ついには、五大湖一帯から現在の米国のウィスコンシン州、ミシガン州、イリノイ州、ルイジアナ州、オハイオ州、ケンタッキー州、テネシー州、ミシシッピー州、ルイジアナ州、アラバマ州を含む、「ニューフランス」と呼ばれる広大な領土となった。

その西側にはスペイン領が広がっていた（ただし、スペイン領ではスペインはほとんど実質統治をしていなかった）。五大湖のはるか北、ハドソン湾とその周辺一帯（ルパーツランド）は、英国の毛皮会社ハドソン湾会社が実質的に支配していた。

ニューフランスとハドソン湾会社が管理する一帯では、広大な地域でフランス人やイギリス人あるいはスコットランド人がインディアンと毛皮取引を行い、彼らとインディアンはいわば共存共生の関係にあった。先住民との間に子どもをつくり、家族をつくる白人も少なくなかった。

ニューフランスの南東では、一六〇七年に初めてイギリス人定住地（ジェームズタウン）がつくられた。人々は、植民地会社のもと、飢えやインディアンと戦いつつ、黒人奴隷を導入して、やがて王領バージニア植民地へと発展させた。

引き続いて、一六二〇年には、新天地アメリカで聖書の教えにしたがって暮らそうと、メイフラワー号でピューリタン（清教徒、注1）たちが北部大西洋沿岸のニューイングランドにやってきた。乗客たちは、上陸前にメイフラワー盟約（Mayflower Compact）を結ぶが、「神の名において」「神の栄光のために」「キリスト教信仰の発展のために」「神のおわす前で」という言葉が示すよう

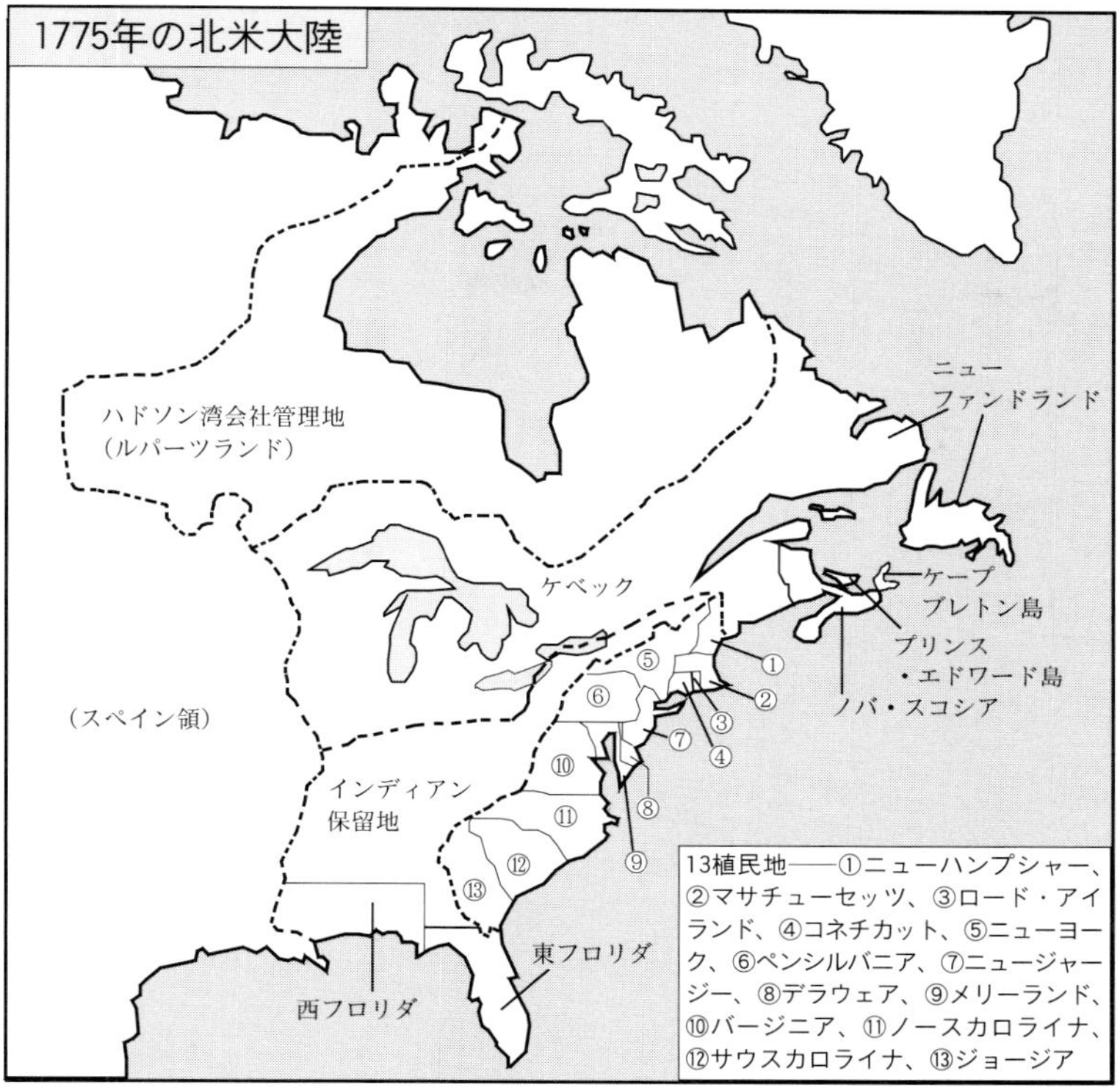

に、それはともに協力して政治団体を結成し、その取り決めにしたがうことを神と互いの前に約束するものであった。

彼らが建設したプリマス植民地は、のちにマサチューセッツ植民地となる。ピューリタンの一部は、ロード・アイランドとコネチカットに移ってそれぞれ植民地を樹立した。さらに、カトリック教徒の逃避地（注2）としてメリーランド植民地、クエーカー教徒（注3）たちの安住の地としてペンシルバニア植民地が建設された。いずれの植民地も、強い信仰心や、それに対する信教の自由の主張の中から生まれたもので、自由の強弱にかかわらず宗教が深くかかわっていた。

こうして一七三三年までに、北米大西洋沿岸に一三の植民地が誕生した。この時点ですでに、アメリカ合衆国の核となる一三植民地とカナダのひとつの核となるケベック一帯に違いのあったことが、これまでの記述からうかがえるだろう。

ケベック法とアメリカ合衆国の誕生

一八世紀後半、北米大陸の政治地図は大変化を起こす。

まず一七五六年に一方は英国、ハノーバー家、プロシア、他方はフランス、オーストリア、スウェーデン、ロシアなどを巻き込んで行われたヨーロッパの戦争（七年戦争）が、海外植民地闘争として北米大陸に飛び火した。北米大陸では、宣戦布告の二年も前から、毛皮交易相手のインディアン部族やニューフランス生まれのフランス系住民（「カナディアン」と称した）を味方につけたフランス軍と、やはりインディアン部族や北米生まれの植民者を味方にした英国軍が、衝突を繰返していた。北米で、七年戦争が「フレンチ・インディアン戦争」とも呼ばれるのは、英軍が両者を相手に戦ったからである。

結果は、海軍力と補給力にまさる英国の勝利に終わった。一七六三年のパリ条約により、英国は一三植民地の東側に広がる広大なフランス領を手に入れた。しかし、皮肉にも、それが米国独

フレンチ・インディアン戦争でケベック砦に押し寄せる英軍
（写真提供／カナダ大使館）

立戦争の重要な一因となる。

戦勝の結果、英国は新しい領土を統治するための国王宣言を発した。それにより、旧ニューフランス植民地はセントローレンス沿いの「ケベック」と、その北部および五大湖周辺からミシシッピー川河口に至る一帯の「インディアン領」に分けられた。インディアン領とは、インディアンのために保留された、インディアンのみに居住や狩猟が許され、インディアン以外のいかなる者も立ち入りを禁止された国王領、すなわちインディアン保留地であった。

これは、七年戦争で同盟者となったインディアンの協力に報いるとともに、北米大陸先住民としての彼らの居住権を認め、また未開の広大な地域の治安を維持しようというものであったが、一三植民地の人々には納得できなかった。それにより、アパラチア山脈の陵線が一三植民地の西端となり、人々が夢見ていた「西部」への移住が拒まれたからである。

さらに、一七七四年（七五年発効）の「ケベック法」が、英国の植民地政策に苛立ちを見せていた一三植民地の人々の怒りをあおった。この英国法は、ケベック植民地を五大湖の南（インディアン領の一部）まで拡大するとともに、大半がカトリック教徒であった住民に信教の自由を認め、フランス系カトリック教徒に簡単な誓約があれば公職につくことを認めた。刑事法は英国のものであったが、フランス民法を導入し、フランス語の使用やそれまでの荘園制度の継続も許した。英国が派遣した少数の施政者と小規模の軍隊が、フランス系が大多数を占めるケベックを支配するには、住民やカトリック教会、有産階級の意向を尊重するほかなかったのである。一三植民地が不穏な動きを見せ始めていたため、植民地統治を強化する必要もあった。

こうした一連のできごとは、広大で肥沃な「新天地」で自由、平等、民主主義を発展させ、活力と自立心を高める一方で、英本国の政治・経済支配に対して不満を高めていた一三植民地の人々（植民地人）の怒りに火をつけた。本国が、国王宣言によってこれら植民地人たちの西部進出を阻止し、先住民と手を組んで毛皮貿易を支配しただけではない。フレンチ・インディアン戦争における軍事費のつけを、砂糖税や印紙税の形で植民地人に回した。植民地の人々は、本国議会に代表権をもっていなかったのに、税金は課されたのである。

一三植民地で、「代表権なければ課税もなし」という抗議運動が起こったのは、当然であった。

砂糖税と印紙税は廃止、または修正されたが、本国はペンキや茶などの輸入にも課税した。一七七三年末にはそれに抗議するため、ボストンに入港した船から、民衆が茶箱を海上に投げ捨てるという、いわゆる「ボストン茶会（ティー・パーティ）」事件を起こした。これに、英本国はさまざまな強硬手段で対応し、緊張が高まった。

そのとき発せられたのが上記のケベック法である。一三植民地の英国系（多くがプロテスタント）にとって、フランス系（大半がカトリック教徒）は、単に敗者であっただけでなく、「文明的に劣る異教徒」であった。しかし英本国は、一三植民地の反発に対して強圧的姿勢でのぞむ一方で、フランス系住民に対しては、領土の拡大、信教の自由、フランス語の使用、旧制度（フランス民法や荘園制）の持続という宥和策でのぞんだ。しかも、いわゆるインディアン領を再確認して、いわば先住民を保護するという形で植民地人たちの西漸の野望を打ち砕いたのである。

そして、ついに武力衝突が起こる。一七七五年四月、ボストン郊外でイギリス正規軍と植民地民兵が交戦（レキシントンの戦い、バンカーヒルの戦い）、アメリカ独立戦争が勃発したのである。

植民地のすべての人々が宗主国・英国と戦火を交えて、新しいイデオロギーのもとに独立国家を建設したいと願っていたわけではなかった。現状維持を主張する者、英国国王を最高首長（元首）にして大英連邦に留まりたいと考える者、独立を主張する者と、意見は分かれていた。しかし、英本国の植民地政策やさまざまな弾圧により、独立への勢いは高まった。

トーマス・ペインが、一七七六年一月に刊行した『コモン・センス』（小松春男訳、岩波文庫）で述べたように、ボストンで武力衝突が起こるまで、「植民地問題について双方（英国と植民地側）の代弁者が提案したものは、すべて同一目標を目指していた。それは、イギリスとの結合であった。両派間の唯一の相違は、それを実行する方法にあった。一方は力の行使を提案し、他方は友情を提案した」。しかし、彼は今や「論争の時期は終わった」として、「協調や和解を説く諸君、諸君は過ぎ去った過去をとり戻すことができるのか。……おお！　人類を愛する諸君！　暴政ばかりか暴君に対しても決然と反抗する諸君、決起せよ！」と訴えた。

こうして、一三植民地は、戦いを続けながら大陸会議をへて、ついに一七七六年七月四日、独立を宣言するのである。独立宣言は、英国国王の圧政の数々を列記して独立を正当化するとともに、「われわれは、すべての人は平等に造られ、造物主によって生命、自由および幸福の追求など一定の不可侵の権利が付与されていること、これらの権利を確保するために人々の間に被治者の同意にもとづく正当な権限に導かれた政府が組織されること……を、自明の真理と考える」と、高らかにうたった。

大陸軍総司令官のジョージ・ワシントンは、一四番目の英国植民地ともいうべきケベックを併合すべく、またその中心部に住むフランス系住民が決起の声に賛同するという期待をかけて、モントリオールとケベック・シティに進軍した。しかし、住民は決起するどころか、独立軍の横暴な振る舞いに反感を示し、加えて冬の間に英国から援軍が到着したため、米軍は引き揚げざるを得なかった。

反米英国派ロイヤリストたちのカナダ移住

こうした中で、一三植民地で独立に反対したり、英軍を支援したり、英軍に志願して民兵として戦ったりしたのは、英国政府の役人、兵士、英国教会牧師、大地主、弁護士、豪商などのほか、多くの小規模農業者や職人などであった。イロコワ・インディアンがつくるシックス・ネーションズ連邦も、自分たちの土地を守るために英国と同盟を組んで戦った。元黒人奴隷の間でも、手厚い保護を期待して英国側についた者が少なくなかった。

そこには、母国とみなす英国への愛着心のほかに、当時は「衆愚制度」とも呼ばれた民主主義による「混乱」より、それまで慣れ親しんだ君主制のもとでの「秩序」に惹かれ、プロテスタント系白人優先主義が予想される新しい枠組みより、インディアン領設置に見られた英国王の下での温情主義に期待する、といった心情があった。

しかし、「ロイヤリスト（忠君派。通常は「王党派」と訳される）」と呼ばれたこれらの人々は、「裏切り者」として、さまざまな苦難を強いられた。皮膚や髪の毛に熱したコールタールを塗られるなどして迫害され、投獄され、ときには殺害され、財産を没収された。

ロイヤリストたちをしのぶパレード（写真提供／カナダ政府観光局）

そのため、何万人もの人々が英国だけでなく、もっとも近い英国植民地へ逃げた。北米大西洋沿岸のノバ・スコシア、ナイヤガラ滝の彼方、あるいはカリブ海のバハマ諸島や西インド諸島である。ノバ・スコシアには、およそ三〇〇〇人もの元黒人奴隷もやってきた（その多くは、差別的扱いを受け、のちに米国に戻るか、アフリカへ移住した）。上述の理由に加えて、英国が提供する損害補償、生活保障、そして一人当たり一〇〇エーカー（約四〇万平米）の無償地に惹かれてやってきた人も多かった。

英国領北アメリカ（現在のカナダ）には、ケベック、ノバ・スコシア、ケープブレントン島、ニューファンドランド、プリンス・エドワード島といった植民地とハドソン湾会社のルパーツランドがあった。戦中・戦後、英国領北アメリカに「亡命」したロイヤリストの数は、合計およそ一〇万人といわれる。英国領北アメリカの人口がほぼ倍増したことになる。その結果、ノバ・スコシアは英国系を中心とする（新）ノバ・スコシアとケープ・ブレトン島、フランス系を中心とするニュー・ブランズウィックの三植民地に、フランス系住民が大多数を占めていたケベックは英国系のアッパー・カナダ（現在のオンタリオ州）とフランス系のローワー・カナダ（現在のケベック州）の二植民地に分割された。ローワー・カナダ植民地に定着したロイヤリストも多かった。

ノバ・スコシアに上陸したロイヤリストたち
（写真提供／カナダ大使館）

ロイヤリストの到来は、英国領北アメリカを一変させることになる。ドイツ系やオランダ系住民も混じっていたが、英国政府が歓迎したことが示すように、彼らの多くは基本的に親英的で保守的な人々であり、英国領北アメリカで、英国君主に忠実な英国的社会を築こうとした。そして移住した先々で、英国教会を建て、英語学校を開き、英国風の町を築き、農地を開拓し、英国風の社交クラブをつくっていった。ケベックでは英国による制圧後、フランスからの移民が途絶えていたが、ロイヤリスト到来後は英国、米国、北欧などからの移住者が増えた。こうしてカナダは、ロイヤリストを中心とする、基本的に二民族（英国系・フランス系）社会へと変貌した。

独立戦争は一七八三年のパリ講和条約によって決着した。米国は国際的に独立を認められたほか、アパラチア山脈からミシシッピー川までの旧インディアン保留地の領有も認められた。

しかし、真に決着がついたわけではなかった。一八一二年には、ナポレオン戦争の際に英国海軍が公海で米国船を探索したことなどを理由に、米国が英国に宣戦布告して北米大陸における唯一の英国領であったカナダに侵略した。いわゆる一八一二年戦争（または第二次米英戦争）である。

戦争は主としてナイヤガラ半島、五大湖、デトロイト、アッパー・カナダ（現オンタリオ州）、ローワー・カナダ（現ケベック州）など国境線周辺で展開されたが（日本に開港を迫ったマシュー・ペリー提督の長兄オリバー・ハザード・ペリー提督は、この戦争でエリー湖を制して英雄となった）、英軍が米国の首都ワシントンで大統領府を焼き討ちするという騒ぎもあった。この戦争で、米国はカナダを獲得する夢は達成できなかったものの、英国側についた多くのインディアンを彼らの土地から追い出し、スペインから西フロリダを奪回した。

しかし、アッパー・カナダの住人が英国支配を脱したいと米軍側につくのではと願っていた米国政府の読みははずれ、むしろ多くのロイヤリストを含む英国系住民は自由や民主主義を説く米国からさらに離反するに至った。のちのカナダ人に非アメリカ人意識を植え付けたのである。

一八一七年にリチャード・ラッシュ米国務長官とチャールズ・バゴット駐米英国公使の間で結ばれた、いわゆる「ラッシュ・バゴット協定」により、両国はオンタリオ湖とシャンプレーン湖において、軍艦をそれぞれ一隻、オンタリオ湖以外の五大湖で二隻に制限することで決着がついた。この協定は、その後の米加間国境の非軍事化につながったといわれる。

米国の脅威が「カナダ連邦」を成立させた

次に、カナダ連邦の誕生を見てみよう。今日のカナダ連邦が結成されたのは、一八六七年、すなわち日本の明治維新の前年である。その結成の背景にも、米国の影があった。

その一つは、米国における「天与の（あるいは、明白な）運命（Manifest Destiny）」論である。米国は一八〇三年にフランスから一五〇〇万ドルでミシシッピー川からロッキー山脈に至るルイジアナ地方を購入し、西へ西へと領土を拡張していた。

「天与の運命」という言葉を有名にしたのは、『デモクラティック・レビュー』紙の編集長オサリバン（John L. O'Sullivan）である。彼は一八三九年、米国は人類の未来を托された天与の国であり、地上において人類の栄誉と救済の地を造る「天与の運命」があると書いていたが、一八四五年にはさらに、「(米国には) 神から与えられたこの大陸を年々増加していく幾百万の人々の自由な発展のために拡大するという天命がある」という記事を発表した。より具体的には、アメリカ白人のために、当時はメキシコの一部だったテキサス、ニューメキシコ、カリフォルニアを取得し、黒人のためにラテンアメリカを残しておく、というのが彼の主張だった。

膨張主義を正当化する「天与の運命」論は、開拓者や政治家の間に急速に広がり、太平洋側のオレゴン地方をめぐって英国との紛争を生んだ。オレゴン地方とは、現在のカリフォルニア州北部からアラスカ州南境に広がる一帯で、一八一八年以降、米国と英国が共同管理していた。ところが、四〇年代になって、膨張主義者たちは、「五四・四〇か、戦争か」というスローガンのもと、当時ロシア領だったアラスカの南境、すなわち北緯五四度四〇分までの北西沿岸の米国領有を要求するようになった。

ポーク米大統領は、一八四四年にオレゴン合併を掲げて当選したものの、南部出身者であったために非奴隷州の増加を望まず、またオレゴン地方が農業に適しているとも考えていなかったため、四六年に現在の北緯四九度線での分割に応じた。

とはいえ、英国とその北アメリカ植民地では、米国の膨張主義による脅威はトラウマのように残った。たとえば一八五〇年代に太平洋にそそぐフレーザー川で金が発見され、先住民と少数のハドソン湾会社関係者だけが住んでいた一帯に金を求めて、あるいは彼らに衣食住を提供するために、米国を含む世界各地から数万もの人々が押し寄せた際は、英国はただちにブリティッシュ・コロンビアをその植民地と宣言し、秩序維持のための法令を公布した。

次の危機は米国の南北戦争（一八六一～六五）のときにやってきた。まず、リンカーン政権の国務長官が、一八五〇年以来、英国領北アメリカの併合を主張していたウイリアム・シワード（William Seward）だったことである。北軍が勝利を収めたら、その目は英国領北アメリカに向けられるという懸念があった。

また戦時中、英国領北アメリカを震撼させることになる一連の事件が起こった。たとえば一八六一年一一月、ヨーロッパ諸国への南軍外交使節団を乗せて公海を航行中の英国の郵船「トレント号」を北軍の軍艦が拿捕し、使節団（二人の外交官とその秘書官）を本国へ連行して、ボストンで監禁した。事件は、英国領北アメリカの人々の間に、英国と北軍が戦争に突入したら、自分たちの地域が戦場になるのではないかという不安を呼び起こした。しかし、一カ月半後に使節団が釈放され、ひとまず不安も消えた。

その二年後には、「チェサピーク号」事件が世間を騒がせた。米国大西洋沿岸のニューヨークとポートランドの間を航海していた蒸気船「チェサピーク号」を南軍が奪い、英国領北アメリカ沿岸に曳航した。私掠船（海賊船）として武装して北軍の商船を攻撃するためであった。北軍に反感をもつ地元民の協力を得て、同船は現ノバ・スコシア州の海域に出航したが、まもなく北軍が英国領北アメリカ領海で同船を拿捕して、ことは収まった。

さらに、一八六四年一〇月には、民間人に化けた南軍の工作員が米国バーモント植民地の町で三つの銀行を襲い、二〇万ドルを盗んだほか、追跡してきた人を殺害した。彼らは越境してモントリオールに逃げた。そこで北軍は彼らを英国領北アメリカまで追跡して、必要なら殺害するよう命令を下したため、またもや領土侵犯により、米英間で戦闘が起こることが懸念された。しかし、英国の官憲が賊を捕らえて盗んだ金とともに米国に送還したため、事なきを得た。

同年に起こった「アラバマ号」事件も、英国領北アメリカに脅威をもたらした。「アラバマ号」というのは、南部が英国の造船所に造らせた軍艦で、それが一八六四年に撃沈されるまで北軍側の商船およそ六〇隻を拿捕した。英国で造られた南軍軍艦による北軍商船の被害はきわめて大きく（米国上院外交関係委員会のチャールズ・サマー委員長によれば約二〇億ドル）、一部のアメリカ人は代償としてカナダの割譲を求めるべきだと主張した。結局のところ、英国政府が補償金一五五〇万ドルを支払うことで決着がついたが、割譲の声はカナダを震撼させた。

一八六六年には、英国領北アメリカの合併をもくろむ膨張主義者たちの意向で、互恵協定の廃棄がきまった。この協定は一八五四年、米国のマーシー（William Marcy）国務長官と英国のエルギン（Lord Elgin）英国領北アメリカ総督の間で締結されたもので、アメリカと英国領北アメリカの間の貿易を自由化し、また沿岸の漁師に互いの領海で漁業することを認めていた。協定（や鉄道網の発達）により米国と英国領北アメリカの貿易は盛んになったが、英国に反感をもつアイルランド系アメリカ人（注４）や土地を欲しがる開拓者たちの声に押されて、米共和党が更新反対を決めたのである。カナダが域内の産業を振興するため、一八五八年に輸入品（工業製品、加工品）に一〇～二〇％の関税を課したため、米国がそれに怒ったことも延長反対の一因であった。

同じ六六年の七月には、米国下院が英国領北アメリカ合併法を採択した。法案には、ノバ・スコシア、ニュー・ブランズウィック、東部（旧ローワー）カナダ、西部（旧アッパー）カナダを米国の州とし、それ以外の地域（ブリティッシュ・コロンビア、サスカチュワン、ノースウェストなど）を米国領（準州）とする、という内容であった。

このように、米国の脅威が高まる一方で、英国領北アメリカでは別の動きが起こっていた。大西洋沿岸では、ノバ・スコシアなどの沿岸植民地だけの統合構想が進んでいたし、「統合カナダ」（注５）では英国系の西部カナダとフランス系の東部カナダの対立によって政治的な膠着状態が生まれた結果、それを打開するため他の植民地を含む大連合構想が生まれていた。英国は、毛皮交易などの収益の割に軍事費や鉄道建設など多額の経費がかかり、米国との対立の原因ともなっていた植民地経営から手を引きたいと考えていた。米国がカナダとの互恵協定を打ち切ったことで、英国領北アメリカに共同市場をつくって独自に経済を発展させる必要もあった。

こうして、のちに初代首相となるジョン・Ａ・マクドナルドを中心に、統合カナダと沿岸植民

初代カナダ首相ジョン・A・マクドナルド
（写真提供／カナダ大使館）

地の代表者たちが相互に、また英国政府と協議を重ねた末、英国領北アメリカ法(British North America Act)が英国議会で制定され、英国女王の名において公布された。この法律こそ、一八六七年にカナダ連邦を誕生させた「カナダ憲法」であった。

母国に戦いを挑み、「自由」、「平等」、「幸福の追求」、「神の摂理（divine Providence＝すなわち神聖な神の導き）」、「世界の最高の審判者(Supreme Judge of the world＝神のこと）といった言葉が並ぶ独立宣言を内外に発して独立したアメリカ合衆国とは違うカナダの生い立ちが、ここによく示されている。これらの理念は、米国の恵まれた資源、広大な土地、そしていわゆる開拓精神によって真実味を帯び、やがて崇高なるアメリカニズム

(アメリカ的精神)を形成することになる。

『政治のなかの人間――ポリティカル・マン』や『アメリカ例外論』などの著者として知られる米国の社会政治学者シーモア・リプセット(カナダ出身)は、『最初の新興国家(*The First New Nation*)』や『北米大陸分水界(*Continental Divide*)』で、米国を「革命(revolution)の国」、カナダを「反革命(*counter-revolution*)の国」と呼んだように、米国は革命の中から、カナダはそれに対置するように、英国との平和的協議を通じて生まれたのである。カナダの歴史家フランク・アンダーヒルが一九六〇年、「カナダ人は神の心に存在する最初の反米主義者、手本となる反米主義者、原型的な反米主義者、理想的な反米主義者である」と書いた(*In Search of Canadian Liberalism*)のは、こうした歴史があったからである。

ちなみに、一七八八年に発効した米国憲法は、「われわれ合衆国の人民は、より完全な連邦を形成し、正義を樹立し、国内の平穏を確実にし……われわれとわれわれの子孫の上に自由の祝福を確保する目的をもってこの憲法を制定する」とうたっているが、カナダ憲法ともいうべき英国領北アメリカ法はこれとは大きく異なる。

その書き出しは、「カナダ、ノバ・スコシア、ニュー・ブランズウィックの諸植民地(provinces)は、イギリス・アイルランド連合王国の王冠の下、連合王国と原則的に類似した憲法をもつひとつのドミニオン(dominion、注6)に連邦化したいという希望を表明し」、「こうした連邦はこれら諸植民地の福祉を増進し、英帝国の利益を促進するだろう」から、これら三つの植民地が「カナダという名前のもとに、四つの州（=provinces）から成るひとつのドミニオンを形成」する、というものだ。

ここには、米国の独立宣言に並べられた英国国王への非難や高らかに唱われた「自由」や「平等」や「神の摂理」といった言葉や、米国憲法の「われわれ人民は……」という主権在民を示す言葉はなかった。高く掲げた理念や価値観は表明されていない。「連合王国の王冠の下、連合王国と原則的に類似した憲法をもつ……ドミニオン」（注7）と表現されたように、完全な独立国家と呼ぶわけにはいかなかった。外交権は英国政府が握り、憲法改正の手続きは英国議会で行われ、カナダの法令や政府の行為の合憲・違憲を最終的に判断する憲法審査権は英国枢密院の司法委員会におかれた。植民地時代と同じように、英国は君主と政府の代表としてカナダに総督を派遣し、その総督は憲法上、カナダ政府に対して大きな権限をもっていた。

しかも、ケベック州というフランス語圏をかかえての出発であった。総人口のほぼ三分の一を占めていたケベック州は、連邦結成の過程で、フランス語で教えることのできるカトリック系の宗派学校のほか、独自文化の維持も認められた。連邦制のもとで、教育権、私権（民法上の権利）、地下資源、地方自治制度などは州の権限とされたため、ケベック州はその後も、独自の政治制度や生活制度（親子・夫婦関係、遺産相続、商契約など）を守ることができた。いわば、カナダ連邦は、英国系「ネーション」とフランス系「ネーション」が共存する形でスタートしたのである。

とはいえ、英国植民地から大英帝国内の自治国家へと姿を変えたカナダは、きわめて英国色の強い国そして社会であった。「憲法」は上記の「英国領北アメリカ法」だけでなく、英国の政治制度(議院内閣制)や「君主は君臨すれども統治せず」の伝統などの不文律を含んでいたし、かつての保守的な親英派ロイヤリスト(王党派)たちの子孫——アンダーヒルが言うところの反米主義者——が政治、経済、宗教、教育などの分野で重要な地位を占めた。スコットランド生まれの初代首相ジョン・A・マクドナルドが、選挙戦で「私は英国臣民として生まれた。英国臣民として死ぬであろう」と述べたほど、人々の親英感情は強かった。

英国からの完全独立

カナダ連邦をスタートさせたマクドナルド首相は、ただちに国づくりにとりかかった。彼が発表した最初の巨大プロジェクトは「ナショナル・ポリシー」という一連の政策であった。それには、基本的には、広大な面積を抱えながら人口わずか四〇〇万人というカナダを、米国から保護しつつ発展させるという目的があった。当初は、米国から輸入する農機具などに高い関税をかけて脆弱なカナダの製造業を保護育成するためのものであったが、のちにカナダ横断鉄道(太平洋鉄道)の建設、移民受け入れと西部開拓、港湾開発、貿易振興のためのヨーロッパやアジアへの蒸気船航路の開設へと発展した。

マクドナルドはこの開拓期に現在の連邦警察（ＲＣＭＰ）の前身となる騎馬警察隊を創設するが、これは先住民と新たにやってきた開拓者との間の衝突を警戒するのと、こうした衝突を利用してカナダへ侵攻するかも知れない米国の拡張主義者たちの動きを封じるためであった。

これらの政策が米国との一体化を回避しつつ、カナダ的国家をつくっていこうというカナディアン・ナショナリズムに根ざしたものだとすれば、その一方では貿易促進、淡水やエネルギーの共同開発・共有などの形で米国との関係強化を求めるコンティネンタリズム（米加協調主義）の動きもあった。マクドナルド自身、まず期限切れになった互恵協定に代わる自由貿易協定を目指して米国と交渉した。ナショナル・ポリシー政策を進めたのは、それが失敗したあとであった。一九〇四年に六代目の首相となったフランス系のウィルフリッド・ローリエも米国と互恵（自由）貿易協定を結ぼうとした。しかしその試みは、総選挙で反米的立場をとる保守党に敗れて水泡に帰した。

ナショナリズム（対米自立路線）とコンティネンタリズム（対米協調路線）は、その後も再三カナダの歴史に登場する。本書の主要なテーマでもある外交における国際協調主義と対米協調主義とも共通する、いわばカナダのアンビバレンス（相反性、両面性）である。

こうして、米国の存在を強く意識しながら誕生した英国的なカナダは、その後、次第に英国か

1982年4月17日、憲法を英国議会からカナダに「移管」させる文書に署名するエリザベス女王とトルドー首相（写真提供／カナダ政府）

らの自立を進め、一九二六年には外交権も取得し、第二次世界大戦とともにほぼ自他ともに認める独立国家へと変貌した。

それは、英国的雰囲気を保ちつつ、米国とはますます緊密化するものの、英国でもなく米国でもない国であった。戦後、カナダはケベックという北米最大のフランス語圏をかかえて、英語とフランス語を連邦政府機関の用語（公用語）と定め、英国やヨーロッパ諸国からも多くの移民を受け入れて多文化主義政策を導入し、国旗を英国国旗やカナダ商船旗（英国商戦旗の赤地の部分にカナダの国章を描いたもの）から真ん中にカナダのシンボルであるカエデの葉をあしらったものに、また国歌を「ゴッド・セイブ・ザ・クイーン」から「オ・カナダ」に変えた。

そして一九八二年には、修正条項や「権利と自由の憲章」を加えたうえで、憲法を英国議会からカナダに「移管」した（ただし、名目上とは言え、カナダは現在もエリザベス女王を元首とする君主制国家である。実質的に連邦首相が任命する総督が君主の代役をつとめる）。

英国的な文化や伝統、英国との社会的・政治的・経済的つながりは年々後退し、現在ではやや誇張して言えば、英語、英国風の建物、議会の儀式、英国風の地名、英国女王や皇太子の訪問、総督の存在、英国的伝統を誇りとする人々の行事、「ロイヤル」という言葉（例えばロイヤル・ミント＝造幣局、ロイヤル・カナディアン・マウンティド・ポリス＝連邦警察〈直訳すれば王立カナダ騎馬警察だが、実際は王立でなく、現在は騎馬でもないので、単にカナダ連邦警察と訳すべきだろう〉、ロイヤル・ミリタリー・カレッジ＝士官学校）などにかつての英国植民地時代やその後の英国とのきずなの名残をとどめているのみである。

深まる米国の経済的・文化的な影

逆に、米国の影は、人々の日常生活のほとんどすべてに及んでいるといっても過言ではない。米国のテレビ番組、米国映画、米国の雑誌や本、米国のロックやフォークソング、米国系のデパートやホテルやレストラン、米国製の薬品や食材、米国風のファッションが街中にあふれ、トロント球場やモントリオール球場ではほとんどがカナダ人でない選手たちがプレーし、英語はますます米語化し（ケベックのフランス語にも米語が流入している）、一見してカナダのアメリカ化（アメリカニゼーション）がいかに浸透しているかがわかる。

とりわけ、経済面では、一九二〇年代から緊密化が進みはじめ、第二次大戦後はカナダの「ブランチ・プラント（分工場・子会社）」化が懸念されるほどになった。「ブランチ・プラント」とは、支店、子会社、現地工場というほどの意味であるが、米国の親会社とそのカナダ支社（工場）の関係が、カナダにさまざまな支障を及ぼす。

たとえば、米国政府の輸出規制などがカナダの法律とかかわりなく、親会社を通じてカナダの子会社に及ぶことがある。また技術開発は親会社が担当するために子会社には技術開発力がつかず、子会社の収益は子会社に再投資されずに親会社に吸収され、親会社の経営が行き詰まると、まず子会社の従業員が整理され、あるいは子会社そのものが閉鎖され、親企業が経営幹部を送り込むためカナダ人経営者が育たず、親会社の経営政策によっては必ずしもカナダの原材料や市場が重視されるとは限らない。こうした米国のブランチ・プラントが資源開発、小売業、運輸など多くの分野で増えた結果、カナダそのものが米国の「ブランチ・プラント」化する様相を呈した。そのため、カナダは「経済的主権」を失うのではないかという懸念が強まったのである。

トルドー首相（一九六八〜七九、八〇〜八四）は、このような経済的植民地化とも言える傾向に歯止めをかけようとしたが、彼のナショナリズムは、緊密な米加経済関係という圧倒的な現実の力によって挫折した。カナダ経済を救ったのは、保守党マルルーニー政権のコンティネンタリズム、すなわち外資歓迎政策や米加自由貿易協定であった。それによってカナダ経済は米国経済との一体化がさらに進み、米国は軍事的に制覇できなかったカナダを経済的に制覇した、と批判する声が出るほどだった。

軍事的には、もはやカナダ連邦結成前後のように米国の脅威を口にする人はほとんどいない。第二次世界大戦中、日本の侵略に備えて、一万人強の米国陸軍工兵隊と一般労働者がカナダの労働者とともに、カナダのブリティッシュ・コロンビアからカナダ内陸部を通過してアラスカに達するアラスカ・ハイウェイを建設した際、ハイウェイ沿いに二八の滑走路、五六の気象台も造られ、最大時には三万人以上の米国兵士と民間人が勤務していた。当時のカナダのマッケンジー・キング首相はローズベルト大統領の要請によって、建設に同意したものの、米国が戦後も居座ってカナダの主権を侵すのではないかと懸念して、すべての費用を負担することにしたという（注8）。しかし、その後、両国は北米防空協定（ＮＯＲＡＤ）を締結して、ソ連の脅威に共同で立ち向かうことになった。

カナディアン・アイデンティティとは何か

こうした中で、「カナダ人とは何か」という「カナディアン・アイデンティティ」論も絶えない。

米国と同じように外来のヨーロッパ人によってつくられた「新興国家」であったが、カナダにはメイフラワー号の到来や、「自由か死か」の演説をしたパトリック・ヘンリー、初代大統領ジョージ・ワシントン、レキシントンの戦い、バンカーヒルの戦いなど、独立戦争とそれに関連するさまざまな建国神話や英雄伝説に欠け、世界に誇る独立宣言や憲法、ホワイトハウス、ワシントン記念塔、リンカーン記念堂、自由の女神のような建造物もない。カナダでも、一八一二～一四年の米英戦争で、米軍来襲の情報を三〇キロも歩いて英軍に伝えた女性ローラ・セコードや、英軍とともに勇敢に戦って戦死したショーニー族インディアンの首長テクメシュなどの英雄談などが残ってはいるが、建国史の一環として語られることはほとんどない。

ビーバーをあしらった
カナダの５セント硬貨

カナダは、人々を結びつけるための、共通の「カナダ人意識」を植え付ける独立戦争も、語り継がれる建国神話や建国精神もなく、英本国との絆を維持しながら発展してきた国である。移住してきた人々は、カナダの厳しい大自然のなかで自らの運命を切り開いていったが、それさえも平等、合理主義、物質的豊かさ、楽天主義、勤勉、移動、実験的精神などを特色とする「アメリカ的生活様式」や「フロンティア精神」（開拓者精神）に対比できるほどの「カナダ的生活様式」や「北方精神」という言葉を生まなかっ

アメリカの国璽

た。

カナダを代表するシンボルと言えば、たとえば切手や貨幣に描かれているビーバーやアビ（水鳥）、英国の伝統を引く総督、首都オタワのネオゴチック風の連邦議事堂、カエデの葉をあしらった国旗、フランス語圏ケベック州の存在と英仏語の共存、アイスホッケーやホッケー競技などで歌われる国歌「オ・カナダ」、ロッキー山脈、北方をおおう広大な雪原とそこを悠々と徘徊する白クマなどだ。ビーバーはダム作りで知られる森林の動物であり、国旗に葉が描かれたカエデは秋のオンタリオやケベックの森を彩り、砂糖の原料となる樹液をだす植物、そして両端の赤い縞は大西洋と太平洋を示す。いずれも、何とも穏やかなシンボルだ。

米国のシンボルは、これらとは明らかに異なる。たとえば、世界に冠たる独立宣言や憲法、首都ワシントンにそびえるホワイトハウスやワシントン塔、自由の鐘や自由の女神、くちばしに「多数（＝一三州）から生まれた一つ（＝連邦国家）」を意味するラテン語（E Pluribus Unum）を記した巻き軸を加え、一方の爪がオリーブの枝（平和）、もう一方の爪が一三本の矢（戦争）をつかみ、眼光鋭く獲物をねらうような白頭ワシをかたどった国璽（白頭ワシは米国の国鳥で、国璽だけでなく、連邦政府機関の印章や大統領旗、一ドル紙幣に描かれている。強さ、勇気、自由、不滅などを示す）、白地に一三本の赤い線（独立戦争に加わった一三州）を描き、州の数だけ左隅の青地を星印で示した国旗（米国国旗の白は純粋と無垢、赤は戦場での勇気や剛胆、青は警戒・堅忍・正義などを、また星は天と神聖な目標を意味し、帯は太陽光を象徴するという）、数々の戦争にまつわる物語、「フロンティア精神」や「アメリカン・ドリーム」といった言葉……。

これらをカナダと対比すると、静と動、保守と革新、秩序や調和（ハーモニー）と変動、社会優先と個人優先、和と戦、優しさと威厳といったコントラストを感じさせる。

米国が独自の強い存在感を示しているだけに、「アメリカ人でないこと」「アメリカ人と違うこと」こそが、カナダ人をカナダ人たらしめている、それがカナダ人の最大の特性だ、と考える人すらいる。そうした違いこそが、カナダやカナダ人が存続（サバイバル）できる道だというのである。カナダの著名な作家・評論家マーガレット・アトウッドによれば、米国の文学をつらぬくテーマは「フロンティア」、カナダ文学のテーマは「サバイバル」だという。

「カナディアン・アイデンティティ（カナダ人としての帰属意識）」の欠如あるいは希薄さを懸念したカナダ政府は、それを育てるべく、カナダ文化の振興に力を入れてきた。議会図書館や公文書館、博物館、美術館などの設置に力を入れるだけでなく、文学、映画、演劇、音楽、舞踊、絵画、彫刻などの出版・制作・公演・展示を資金的に支援し、とくに公営のＣＢＣをはじめテレビ局にカナディアン・コンテンツ枠（何らかの形でカナダやカナダ人がかかわる番組）を義務づけ、国内の雑誌やテレビ番組を米国から越境してくる雑誌やテレビ番組から保護する政策もとっている。

「平和愛好国」のカナダ、「好戦国」のアメリカというイメージ

しかし、米国とカナダの映画やテレビ番組や絵画を比較しなくても、カナダが米国と同一でないことは、すでに述べた両国の建国史の違いがはっきりと示している。その後の歴史は、さらにカナダを米国とは異なる社会にしていった。カナダ人には、その違いがよくわかるはずである。たとえば多くのカナダ人は、米国を好戦国、カナダを平和愛好国と考える。独立戦争の中から生まれた米国は、国内では数々の対インディアン戦争や南北戦争、対外的にも数々の戦争を戦ってきた（注9）。

第二次世界大戦では、米国は中立を宣言しながら武器貸与法を通じて英国などに延べ払いで軍需品を提供するほか、一九四一年八月には英国との首脳会談で国連構想のさきがけとも言える大西洋憲章を発表し、また遅れて参戦したにもかかわらず、テヘラン会談（四三年一一月に開かれた米英ソ首脳会談）、ヤルタ会談（四五年二月に開かれた米英ソ首脳会談）、ポツダム宣言（四五年七月二六日、米英中三国首脳の名で発表した対日共同宣言。日本国の領土の制限、日本軍の武装解除、戦争犯罪人の処罰、基本的自由や人権の尊重、軍隊の無条件降伏などを求めた）、対日講和会議（五一年九

月、連合側諸国と日本の間に平和条約を締結するためにサンフランシスコで開かれた会議。五二カ国が参加したが、ソ連、ポーランド、チェコスロバキアは署名を拒否した。インドとビルマは参加を拒否し、中国と朝鮮は招待されなかった）などを主導して、戦後の超大国としての地位を確立した。

また独立戦争で大陸軍の総司令官だったジョージ・ワシントン以来、アンドリュー・ジャクソン、セオドア・ルーズベルト、ドワイト・アイゼンハワー、ジョン・F・ケネディなど多くの戦争の英雄が大統領に就任した。いわば戦争なくして米国史は語れない。

一方のカナダは、米国の独立戦争における親英派（負け組）が中心となり、英国とは戦争をすることなく国家を築いた。先住民（インディアン、イヌイット）とは長い間、毛皮交易などを通じて共存関係を保ち、ときに戦い、あるいは病気やアルコールなどによって彼らの運命に多大の影響を与えたものの、米国のような虐殺や軍事力による強制移住などはほとんどなかった。

カナダはまた、長期にわたる英国の植民地あるいは半独立国（一八六七年から一九二〇年代まで宣戦権を含む外交権は英国が握っていた）として、英国の戦争に参加し、また第二次世界大戦でも連合国側の一員としてヨーロッパ戦線を中心に戦った。第二次世界大戦後は、冷戦のなかで米側に立ち、朝鮮戦争、ベトナム戦争、湾岸戦争、アフガニスタン戦争にも参加した。

しかし、朝鮮戦争（一九五〇～五三）では、カナダは合計二万五〇〇〇人の将兵を派遣したが、実体はともかく、米軍ではなく「国連軍」の一部として、韓国のためというより国連と集団安全保障のために戦うという原則を主張した。連合軍を指揮するマッカーサー元帥が戦線を北部（現在の北朝鮮）へ拡大しようとしたのを見て、カナダのピアソン外務大臣が「限定的・地域的戦争」にすべきだ、と異を唱えたこともあった。カナダは、休戦協定（一九五三年）の履行を監視する国連司令部軍事休戦委員会にも加わっている。

ベトナム戦争では、カナダは一九五四年から七五年の間に、インドシナ休戦国際監視委員会に加わり、和平を促進しようとした。

ただし、カナダはその国際監視委員会では米国のスパイとして働き、米国が兵士や武器を運ぶのを助け、米軍の枯葉剤使用に関する調査を妨害するなど、明らかに米側に立っていた。またカナダは軍隊こそ派遣しなかったものの、米国に二五億ドルにのぼる軍需物資（武器、ナパーム弾、航空機エンジンなど）とおよそ百億ドルの軍隊用食料や衣服、ニッケルや鉛などの金属を輸出し、約一万人のカナダ人が義勇兵として参加したといわれる。カナダはまた、米国が支援する南ベトナムに医療品や技術支援を提供した。

しかしその一方で、カナダの外交官チェスター・ローニンが北ベトナムに和平を働きかけ、あるいはのちにピアソン首相やトルドー首相が米国のベトナム政策を批判したのは、カナダが米国と一線を画していたことを示していた。

ベトナム戦争ではまた、米国から二万人の徴兵忌避者と一万二〇〇〇人の脱走兵がカナダに渡ってきた。カナダ国内の反戦気運は高く、連日のように反戦デモが繰り広げられたほか、モントリオールで行われたホッケーの試合で米国国歌がヤジに遭い、トロントやハリファクスでは米国国旗が踏みつけにされた。カナダに逃げた徴兵忌避者や脱走兵の中には、そのままカナダに住み着いた人も多い。ベトナム戦争に反対してカナダに移住した大学人や一般市民もいる。

徴兵忌避者や戦争反対者がカナダに渡ったことは、人々に米国独立戦争の折に何万人ものロイヤリストたちが北上し、南北戦争の前後に多くの黒人奴隷が「地下鉄道（Underground Railroad）」と呼ばれた地下組織（注10）を通じて英国領北アメリカへ逃亡した歴史を、人々に思い出させた。

首都オタワにある国立戦没者記念碑
（写真提供／カナダ政府観光局）

戦争で勇名を馳せて首相になったという例も、筆者の知る限りない。兵役を体験したことのある首相も、ディフェンベーカー（一九五七〜六三）だけではなかろうか。カナダの政治家にとって、戦争体験の有無や戦争での活躍は、まったく問題にならない。首都オタワには戦争博物館や国立戦没者記念碑、国連平和維持活動記念碑などがあるが、特定の将兵が公園や広場に英雄像として飾られていることは寡聞にして知らない。カナダの銅像といえば、「フレンチ・インディアン戦争」（一七五六〜六三）の指揮官や一八一二年戦争の英軍将官などを除けば、フランス植民地の父とされるシャンプレーン（一五七〇?〜一六三五）、英国植民地時代のシムコー総督、宣教師たち、中国大陸で献身的な医療活動を行ったノーマン・ベチューン（一八五七〜一九三一）、あるいは連邦議事堂の周辺に立つ歴代首相の像だ。アイゼンハワー元帥やマッカーサー元帥や硫黄島制覇像のような軍服姿の銅像はカナダではほとんど見ない。

安全で寛容なカナダ社会

米国＝好戦国、カナダ＝平和愛好国というイメージは、カナダ社会が米国と比べてはるかに穏やかで協調的で寛容、という事実によって補強される。

たとえば、カナダには奴隷制をめぐる南北戦争のようなものはなかったし、一九五〇年代から六〇年代にかけて公民権をめぐって米国で荒れた激しい人種対立の歴史もない。かつて米国で禁酒法が施行された時代にはカナダのアルコール醸造業が栄え、第二次世界大戦後の「赤狩り（マッカーシズム）」と呼ばれた共産主義者弾圧の時代でもカナダでは厳しい共産主義取り締まりは行われなかった(注11)。

マイケル・ムーア監督は、映画「ボウリング・フォァ・コロンバイン」で、銃におびえるアメリカと、自宅に鍵さえかけず、銃を使った凶悪犯罪が少ないカナダを対比した。確かに、カナダでは狩猟用以外の銃は厳しく規制され(銃を所有する家庭は米国の約四一%に対し、カナダは二六%)、保身用にハンドガン(拳銃)を所有する人はきわめて少ない。拳銃を使わない殺人事件の比率は、米国がカナダの一・三倍だが、拳銃による殺人は一五倍(人口一〇万人当たり米国の年間六・二四人に対し、カナダは〇・六人)にのぼるという(いずれも二〇〇一年一月現在)。

カナダの人口のおよそ二三%はフランス系で、その多くがケベック州に集中して住んでいるが、アフリカ、ヨーロッパ、中東などで起こったような武力による民族抗争は起こっていない。一九七〇年にケベックの過激派(ケベック解放戦線)が誘拐、爆破、殺人事件を起こしたが、ケベック住民の間で同調する者は少なく、グループはまもなく州警察と連邦軍によって鎮圧された。

カナダでは、バイリンガリズム政策によって英語とフランス語を連邦政府機関における対等の言語としており、切手や貨幣が両語で表記されているほか、憲法はもちろん、連邦議会の議事録や政府文書や政府のウェブサイトはすべて両語で併記され、公営放送のCBCには英語とフランス語のテレビ・ラジオ放送局があり、行政機関、裁判所、交通機関、病院などでも英語とフランス語のいずれも通じるようになっている。国歌「オ・カナダ」も、英語とフランス語の両方で歌われる。特定の宗教観が喧伝されることもない。

連邦政府機関で働くフランス系カナダ人も多い。ちなみに、一九六八年以降、トルドー、マルルーニー、クレティエン、マーティンと、ほとんどケベック出身者がカナダ連邦政府の首相を務めてきた。トルドーは父親がフランス系、クレティエンは両親ともフランス系だ。そして四人ともほぼ完璧な英仏バイリンガルである。カナダ総督、連邦上院議長、連邦下院議長、連邦最高裁判所長官にケベック出身のフランス系カナダ人が就くことも珍しくない。

ケベック州では、「静かな革命」といわれる一九六〇年代の社会・経済・政治・教育改革以来、ケベック民族意識が高まり、これまで二度にわたってカナダからの分離独立の是非を問う州民投票を実施してきた。正確には、主権（独立）を達成し、その上でカナダと連合するという構想を支持するかどうかである。しかし、一九八〇年には六〇％対四〇％で、九五年には五一％対四九％の僅差ながら、構想は却下された。分離独立の是非はともかく、武力ではなく投票によって自らの将来を決しようというのは、いかにもカナダらしい。

先住民の権利尊重と保障

先住民に関しては、一九八二年、憲法の「権利と自由の憲章」が、彼らが英国政府や一八六七年以降にカナダ政府と交わした「条約」を尊重し、また彼らが先住民権をもっていることを公認

カナダ先住民の踊り（写真提供／カナダ政府観光局）

した。先住民（インディアン、イヌイット、メティス）が保留地や彼らの権利について連邦政府と交渉するときの法的根拠となるものである。

一九九九年に誕生したヌナブット準州の誕生は、先住民にとって画期的な出来事だった。ヌナブットはカナダ北方に位置する面積およそ二〇〇万平方キロ（日本のおよそ五倍）の土地で、当時の人口はイヌイットを中心におよそ二万五〇〇〇人。一帯はノースウェスト・テリトリーズの一部であったが、イヌイットたちのねばり強い交渉によって、一九九九年、別の準州として認められたのである。ヌナブットは、彼らが狩猟・漁労できる国有地、彼らが地表権に関して自由保有できる三二万平方キロ、そしてその中で彼らが地下権も保有する三万八〇〇〇平方キロの三つの区域に分けられ、国有地になった部分に対する補償として一二億ドル（一五年間延べ払い）を受け取ることになった。そこにできた準州政府は、人口構成上、当然イヌイットが率いることになるので、実質的にはイヌイットの自治政府とも言える。

その一方で、一九九〇年の「オカ事件」のようなことが起こる。モントリオール近郊のオカという町が、近くに保留地を構えるモホーク・インディアンが聖地としている場所にゴルフ場を建設する計画を立て、それが法廷で認められたことに反発して、「戦士」と称する男たちが銃をもって道路を封鎖し、カナダ軍と対峙した事件である。また一九九九年には、大西洋沿岸で、エビ（ロブスター）漁をしていたミクマク・インディアンが、非インディアン漁師から攻撃を受けた。いずれの場合も、最終的には法廷で平和的に解決された。

国是とも言うべき「多文化主義」

他者の存在や権利を認めるこうした「共存」「共生」の考え方は、カナダの多文化主義政策に反映されている。多様な価値観を認めることは、カナダの「モーレス」（道徳観、社会規範）になっているとさえ言えるだろう。

カナダの多文化主義とはどういうものだろうか。

そもそも多文化主義（multiculturalism）という言葉は、一九六〇年代にカナダで生まれた。一七世紀にフランス植民地、一八世紀にイギリス植民地、そして一九世紀に連邦国家となったカナダは、西部開拓のためにヨーロッパ諸国を中心に多くの移民を受け入れ、二〇世紀はじめには「人種のモザイク」と呼ばれるほどの多民族社会になっていた。

カナダを「民族のモザイク」と呼んだのは、バミューダ出身のジャーナリスト、ビクトリア・ヘイワードが一九二二年に刊行した『ロマンチック・カナダ（*Romantic Canada*）』という旅行記（コネチカット出身の女性写真家エディス・S・ワトソンとの共著）が初めてだと言われている。ヘイワードは、大平原の町でヨーロッパ各地を代表するさまざまな教会の建物が併存するのを見て、それがカナダの民族的モザイクを表している、と述べたのである。またジョン・M・ギボンは、一九三八年に『カナダのモザイク（*Canadian Mosaic*）』という本で、カナダ国民の「モザイク性」を、米国と対照させながら次のように説明している。

現在のカナダ国民は、パレットの中で混ぜられた色で描かれているのではなく、異なる色の破片をきれいにはめ込んで飾った表面をなしている。象嵌《ぞうがん》をセットした元の背景はまだはっきりしているが、これらの象嵌の方が背景より大きなスペースを占めている。そのため、全体像は、真にモザイクと呼べるものになっている。これらの人々は、さまざまなヨーロッパ系民族から成り立っている……。将来のカナダ人は、先住のインディアン民族の上に重ねられ、それぞれが独自の歴史や慣習や伝統をもつ三〇を超えるヨーロッパ系民族で構成されることになる。

一部の政治家たちは、ちょうど米国で一人一人の市民を一〇〇%のアメリカ人に急いで仕立てようとしているように、これらの人々が早く一つの標準的タイプに融合して欲しいと願っている。しかし多くの人々は、各民族グループが持ってきた最も価値ある特質と伝統を、将来のカナダ人のために残したいと考えている。

民族の「メルティング・ポット（坩堝《るつぼ》）」を目指す米国に対して、カナダは「モザイク」であり、将来もそうなるべきだというのが、ギボンの考えであった。ヘイワードやギボンの記述が示唆するように、当時、カナダの「民族的モザイク」はヨーロッパ各地から移住してきた人々が、例えばイギリス人街、イタリア人街、フランス人街、ギリシア人街をつくり、互いに共存している風景を意味していた。これは、移住者たちが、米国において支配的だった、英語、独立宣言や憲法に示された建国の理念、ワスプ（ＷＡＳＰ＝ホワイト、アングロ・サクソン、プロテスタント）の価値観に同化して「真のアメリカ人」になると考えられていた「メルティング・ポット」思想とは異なる観念に基づいていた。

実際には、カナダにもアングロ・サクソン優越意識や「アングロ・コンフォーミティ」（英国的なものへの同化）という考え方の下に、東欧系や南欧系の人々が差別を受けたり、中国や日本からの移住者が市民権さえ認められなかったりという歴史はあった。第一次世界大戦ではウクライナ系などの人々が、第二次世界大戦では日系人が「敵性外国人」として強制収容されたこともあった。（九一ページ参照）。ヨーロッパから移住しようとしたユダヤ系の人々に門戸を閉ざしたこともあった。

しかし、米国と違って建国にかかわる強烈な理念に欠け、一九世紀末から二〇世紀はじめにかけて多民族化が進んだカナダでは、「メルティング・ポット」思想が根を下ろすことはなかった。そして第二次世界大戦後、戦禍を受けたドイツなどのヨーロッパ諸国やインドなどの英連邦諸国からの避難民や移民が相次ぎ、さらに多民族化が進んだ。

その一方で、フランス語圏のケベックでは連邦カナダに対する不満とナショナリズムが高まっていた。そこで連邦政府は「二言語二文化委員会」を立ち上げ、その不満を鎮めようとした。委員会が出した結論は、英語とフランス語を連邦政府機関の対等の公用語にしてフランス語の地位を高めること、そして英仏系以外の人々をカナダ社会に受け入れるため多文化主義政策を採用することであった。こうして、一九七一年、世界に先駆けてトルドー首相が言う「バイリンガリズムの枠内におけるマルチカルチュラリズム政策」がスタートしたのである。

「英国系カナダ人とフランス系カナダ人のためのひとつの文化政策、先住民のための別の文化政策、その他すべての人々のための別の文化政策というのはあり得ない。二つの公用語はあっても、公的文化などというものはないし、特定のエスニック・グループ（民族集団）が他の民族集団より優位ということはあり得ないからだ。いかなる市民と市民グループもカナダ人であり、すべて公正に扱われるべきである。……すべてのカナダ人は、特定の文化集団に閉じこもらないようにするため、この国が公務や政治を行う二つの言語の少なくとも一つを学ぶ機会を与えられることが不可欠である」というのが、トルドーの説明であった。

各自がそれぞれの個人的アイデンティティに自信をもつことにより、他者のアイデンティティへの敬意を抱くようになり、価値観や態度や仮定を共有することになる。それこそが、カナダの国民統合につながる、というのである。

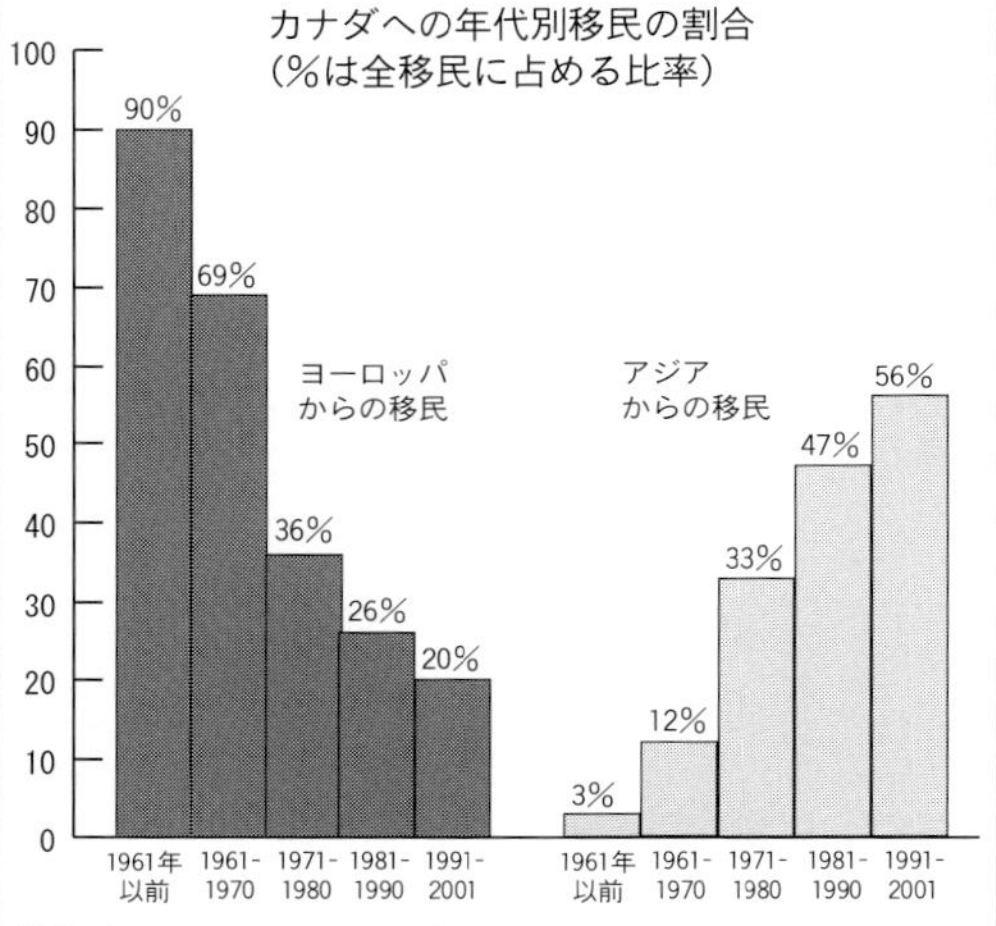

出典／Statistics Canada, "Proportion of immigrants born in Europe and Asia by period of immigration, Canada, 2001"

こうした多文化主義の立場から、政府はこれまでの英語系国民の文芸育成、フランス語やフランス文化への偏見解消、先住民の文化・教育支援といった努力に加えて、他の文化集団にも、それぞれの文化遺産に根ざしつつも真にカナダ的な方法で地域やカナダの発展に役立つよう、支援することになった。

一九六〇年代および七〇年代の移民法改正と一九七一年の多文化主義政策採用によって、カナダの多民族化はさらに進んだ。右ページの表はヨーロッパ（左）とアジア（右）からカナダへ移民して来た人々を年代別に示したものであるが、ヨーロッパからの移民が急速に減り、逆にアジアからの移民が急速に増えていることがわかるだろう。

七〇年代以降、英国系やヨーロッパ大陸系の移民人口が減り、東アジア（中国、香港〈現在の香港特別区〉、台湾、フィリピンなど）、南アジア、東南アジア、西アジア・中東系、アフリカ系の移民人口が増えた。カナダでは非ヨーロッパ系（いわゆる白人以外）の人々をビジブル・マイノリティ（visible minorities）と呼ぶが、一九九〇年代にカナダに移住した人々の実に七三パーセントはこうしたビジブル・マイノリティであった。

トロント、バンクーバー、モントリオールなどの主要都市では、こうしたビジブル・マイノリティを中心に多民族化が著しい勢いで進んでいるのである。カナダ統計庁の予測によれば、二〇一六年には、カナダの総人口に占めるビジブル・マイノリティの割合は二〇％に達し、トロントやバンクーバーでは過半数を占めるだろうと予測されている。人口構成上は、ほとんど世界の縮図と言ってもよい。

同時に、異なる民族が混在するため、混血も進む。その結果、二〇〇一年には、自分を「〇〇系カナダ人」というより、単に「カナダ人」だと考える人が国民の過半数に達した。また、カナ

カナダに暮らす先住民や移民などのマイノリティの文化への理解・交流を支援する政府の行事に参加した人々（写真提供／カナダ政府観光局）

ダ人の四七％は、英国系、フランス系、カナダ系のほかに、少なくとももう一つの民族グループとの混血である、と答えている。

なお、カナダの多文化主義は、あらゆる文化や価値観を無節操に認める無原則なものではない。人々は、当然ながら、民主主義の基本である平等・権利・自由や社会秩序などをうたったカナダ憲法とそれに基づく法令はもちろん、近代社会としてのカナダの規範や価値観を尊重しなければならない。政府が憲法にしたがわなければならないのはもちろん、人々はよき市民としての義務や責任（シティズンシップ）を果たさなければならない。人々はカナダという国に帰属するカナダ人であり、特定の民族に帰属する「民族人」ではない。言語や習慣などの民族的文化遺産は尊重されるが、それはカナダの憲法や民主主義の枠内で尊重されるのである。世界の国々が、それぞれの主権や民族性を維持しながら、国連憲章や世界人権宣言などの国際法を遵守することが期待されているのと、変わらない。

多文化主義の実態

では、カナダの多文化主義はどのようにして実施されているのだろうか。それは、単に異なる民族的・文化的習慣や価値観を認めるだけではない。連邦政府や州政府が、多文化主義政策をさまざまな形で支援・推進しているところに特徴がある。たとえば、中国人街は世界の至るところにあり、そこでは中国語の新聞が発行され、中国語学校があり、中国式の行事や儀式が行われているだろう。通常、ほとんどどこの国でもこうした新聞発行や教育や行事は、ほぼ自由に行える。

カナダの特色は、政府がこのような新聞発行、教育や行事、異民族・異文化への理解増進、異民族・異文化間の交流を政府が支援していることにある。民族・文化の多様性は、カナダ社会を引き裂くものではなく、むしろカナダ文化を豊かにし、カナダ国民の一体感を促進するものとして、否定的にではなく肯定的に受け止める。それが、たとえばカナダ憲法やバイリンガリズムなどとともに、カナディアン・アイデンティティの一要素になる。カナダの多文化主義の特徴は、そこにある。

カナダの多文化主義政策を、もう少し具体的に見てみよう。例えば、相互主義にもとづいて二重市民権を認める、就職や昇進などにおける差別を禁止する、異なる民族・グループの活動（言語教育、祝祭行事、移民史研究など）を財政的に支援する、英仏語以外の言語によるメディア（新聞、雑誌、テレビ、ラジオ）の活動を政策的・財政的に支援する、学校や軍隊や社会一般で伝統や宗教の異なる人々の行事・服装・被り物（ターバンやスカーフなど）・ひげ・食習慣などを尊重する、図書館の多文化化（英仏語以外の出版物やビデオの購入）などを支援する、異なる民族的・文化的背景をもつ個人の政治・経済・社会参加を奨励する、などが挙げられる。学校でも異文化理解教育が幅広く取り入れられている。

多文化主義は、民族により異なる宗教や言語、習俗の領域にとどまらない。障害者や同性愛者などの平等権なども含まれる。カナダの連邦法では、結婚は「男女間の法的・自主的結び付き」と定められているが、二〇〇三年にオンタリオ州のほか数州の裁判所が男女の平等を定めた憲法に違反するという判決を下して以来、米国など諸外国からの申請者も含め、数多くの同性結婚が成立した。二〇〇四年一二月には、ついに連邦最高裁判所も同様の判断を行った。その結果、連邦政府は、同性結婚を合法化する法改正に取り組むことになった。二〇〇五年五月現在、一〇州中、オンタリオやケベックを含む七州で同性婚が認められている。障害者に対しては、政府、企業、教育機関、その他のさまざまな施設は、「合理的受容（reasonable accommodation）」が求められる。通勤（通学）、通路、学習、雇用などについて、できる限り便宜を図る、ということである。性別はもちろん、年齢による差別も禁止される。

連邦政府は、一九八八年、かつて敵性外国人として強制収容などして差別的に扱った日系カナダ人（八五ページ参照）に対し謝罪・賠償（リドレス）した。また、連邦政府だけでなく、各州は人権委員会が設けられており、民族的あるいは他の理由で差別を受けたり、人権を侵害されたと訴え出ると、そこで調査が行われ、事実だと判明すれば改善措置がとられることになる。

ここに見られるのは、カナダの憲法や慣習の枠内における普遍主義あるいはコスモポリタニズムである。学校で特定の宗教（やその行事）を押しつけられることもなければ、ターバンを巻いて髭をはやした連邦警官もいる。政府をはじめ、大学や企業には、英仏系に混じって、さまざまな民族的・文化的背景をもつ人々が活躍している。一九九九年一〇月にカナダ総督に就任したアドリエン・クラークソンも、香港で生まれた中国系カナダ人（誕生名・伍冰枝）だ。

逆に、ユダヤ教徒やイスラム教徒だから、あるいは先住民、アフリカ系、イラク系だからという理由で差別的扱いをすれば、法に触れることになる。九・一一テロのあと、カナダでもイスラム教徒に対する差別事件が起きたが、連邦政府や州政府はこうした行為を強く戒めた。その後、イスラム系を中心に米国からカナダへの移住希望者が増えた背景には、カナダのこうした人権意識や寛容性が背景にあったことが容易に想像できよう。

とはいえ、カナダの多文化主義が理想通り進んでいるわけではない。カナダ統計庁の二〇〇二年の調査によれば、ビジブル・マイノリティの二〇パーセント（黒人の場合は三二％）が過去五年間に民族的・文化的特徴を理由に何らかの差別や不公平な扱いを受けたという（注12）。いわゆる「隠れた差別」である。これは同じように答えた非ビジブル・マイノリティの一〇％よりはるかに高い。ビジブル・マイノリティの平均賃金が、他のカナダ人と比べて一一％少ないという調査結果もある（注13）。一方で、この調査（二〇〇四年）によれば、ビジブル・マイノリティはカナダの労働力の一一％を占めるに過ぎないのに、一九九〇年代にカナダの全労働者が実質GDP成長率に貢献した分の三分の一相当を寄与したという。

また、少数ではあるが、多文化主義は国民を民族別に分裂させる、あるいは新来者におもねるあまり、伝統的な文化や慣習が破壊されるとして、反対する人もいる。ケベック州では、モントリオールやオンタリオとの州界地域がすでに多民族化しているが、カナダの歴史や連邦結成に大きな役割を果たした州内フランス系住民（ケベコワ）が、後続の「その他」の民族と同一にされてしまうとして、多文化主義を歓迎しない雰囲気がある。州政府は「マルチカルチュラリズム（multi-culturalism）」より「文化的多様性（pluralisme culturel）」という用語を好む。そこには、自らの文化を特別視し、あるいは自らの伝統文化が英語圏北米の中で失われてしまうのではないかと懸念する姿勢が見える。

こうした問題や指摘があるにせよ、多文化主義はほとんどすべてのカナダ国民に受け入れられており、多文化主義政策ではカナダが今後とも世界の先頭を歩み続けることは間違いない。

自分とは異なる宗教や慣習や皮膚の色を持つ人を受け入れる寛容さ。民主主義の精神において、すべての人々の権利や平等を尊重する態度。人権や民族主義や国民統合の名においてそうした違いを否定せず、それどころか文化的多様性を国民的アイデンティティの一つと考える前向きの姿勢。これがカナダの多文化主義の特徴である。こうした異文化共存の思想や政策が、自民族中心主義（エスノセントリズム）や狭隘《きょうあい》な排他主義と異なることは言うまでもない。

それは、国内に融和と新しい文化の創造をもたらし、社会を活性化するだけではない。対外的にも、異なる民族・文化圏との交流、そして経済的な関係を促進させることにもつながる、と考えられている。多文化主義は、カナダの国際的イメージを高める上でも役立っているだろう。

「小さな政府」より「大きな政府」

もうひとつカナダと米国の違いをあげるとすれば、それは人々の政府（国家）に対する考え方だろう。米国独立宣言は、英国からの独立が正当とする論理として、政府が被治者の自由を侵害すれば、人民は「これを廃棄し……新たな政府を組織する権利」をもつ、と書いた。また憲法修正第二条は、「人民が武器を保有し、それを携行する権利」を認めた。王制英国の「横暴」に対して武力をもって対抗し、その後、フロンティアを切り開いて今日の超大国を築いたアメリカ人に

カナダ連邦警察（ＲＣＭＰ）による連邦議事堂前でのパレード
（写真提供／カナダ大使館）

は、国家権力に対する不信や、経済的自由競争を含む個人の自由を最重視する伝統があることはよく知られている。そこでは、失業や貧困などは、本人の能力や努力の欠如として、認識される傾向がある。米国で共産主義が嫌悪されてきたのも、それが個人より社会を重視するからだろう。多くの家庭や個人は、警察だけに頼らず、保身用の銃を所持している。

一方、カナダでは、個人主義や自由競争の理念ははるかに弱い。そもそも、一八六七年の連邦結成そのものが個人の自由や平等を求めて実現したのではなく、逆に連邦政府には「平和・秩序・善き統治（peace, order, good government）」という名目で行使できる大きな権限が与えられた。

マクドナルド初代首相の「ナショナル・ポリ

シー」（六五ページ参照）は、あたかも明治政府の「殖産興業」策のように政府が主導する国づくり政策であった。その後も、政府は産業育成のためにさまざまな助成策を講じた。警察についても、人々は敵対心をもつどころか、社会秩序を守るものとしてむしろ尊敬してきた。米国のＦＢＩ（連邦捜査局）に相当するカナダの連邦警察ＲＣＭＰは、かつて西部カナダの秩序を守る上で大きな貢献をしたとして伝説化されているほどで、現在も連邦議事堂前でのミュージカル・パレードで親しまれている。個人の保身用銃保持は厳しく規制され、社会主義政党も公認されている。

社会保障も充実している。カナダで国が本格的に社会保障に目を向け始めたのは一九二九年に始まった大恐慌によって大量の失業者が出てからである。その後、一九四〇年代には失業保険制度、低所得家族手当制度、五〇年代には老齢年金制度、老齢扶助制度、障害者手当て制度、六〇年代には医療保障制度（メディケア）などを次々と導入した。一九八〇年代は、インフレと景気後退により連邦政府・州政府とも財政が逼迫《ひっぱく》した結果、社会保障制度の大幅見直しが行われたが、政府が国民の医療、福祉、健全な児童育成、老後保障などに責任をもつという考えは基本的に変わりない。

ちなみに、カナダの医療サービスは公的な扶助を受けて、ほぼ完全に無償で提供されている。医療制度は基本的に州政府の権限であるが、財政的に優位に立つ連邦政府が、国民全体にほぼ同等の医療サービスが行きわたるように全国共通の枠組をつくり、助成金提供を受けた州政府や準州政府が実施している。

『カナダにおける社会保障の登場（*The Emergence of Social Security in Canada*）』（1997）という著書もあるデニス・ゲストは、カナダにはホームレス、貧困の中で育つ子どもたち、フードバンク（注14）の常連利用者、多数の失業者もいるが、とりわけ「カナダの公的・全国民的・前納式の医療保障制度は、インクルーシブネス（誰も排除しない包括性）と共同体意識を育てる」として高く評価している。

基本的に社会的弱者に厳しく、個人の自助努力による生活を期待する米国とは、ここにも違いが見られる。

カナダを代表する雑誌『マクリーンズ』がCBC（公営カナダ放送公社）と共同で九九年末に行った調査によれば、多くのカナダ人が「他の視点に対する寛容」「恵まれた人とそうでない人がある程度平等であるべきだという信念」「移民への寛容」「強制ではなく協議の上に成り立つ歴史」「カナダ的実験をあきらめない決意」を「カナダ的」なるものとしてあげた。こうした世論調査で多くの国民が掲げるカナディアン・アイデンティティの要素、すなわち米国との違いには、他に君主制＝総督制、英仏二公用語、多文化主義、メディケア、公平な税制、銃規制、フランス語圏ケベックの存在、左翼政党の存在、英仏両語で全国的にラジオ・テレビ放送を行う公営放送公社CBC、平和維持活動、ホッケー、RCMPなどがある。

一方では、インターネットの普及や経済のボーダーレス化によるグローバリゼーション、テレビのマルチチャンネル化、そして北米自由貿易協定のもとで進むカナダ経済の米国化などによって、「カナダ人とは何か」といういわゆるカナディアン・アイデンティティが、ますます曖昧《あいまい》になりつつある、と多くの人々が感じている。上記の記事は、人々の代表的な意見として、「米加国境が完全に消滅するのは時間の問題だ。すでに多くのものを失っており、カナダはほぼ五一番目の州だ。政治統合は不可避」というある技術者の言葉を紹介している。カナダ人の四人に一人が、なれるものならアメリカ人になりたい、また五人に一人がカナダの対米合併を支持すると答えた。『マクリーンズ』の特集記事は、大型トラックで毎週米加国境を横断する夫婦の間で、妻が「今は外国にいるのよね。国境を越えると(いつも)ホッとするわ」と述べる妻の言葉を紹介しているが、その女性も、アメリカ人を「アロガント(arrogant＝尊大、生意気)」だと言いながら、アメリカ人になりたいと答えたという。

カナダ経済人クラブは、九・一一テロ後のセルーチ駐加米国大使の講演に合わせて、同クラブの依頼で世論調査会社ポララが三月上旬に実施した米加関係に関する調査の結果(誤差率プラス・マイナス二・四%)を発表した。それによれば、カナダ人の六〇%以上が米国との経済的・社会的・文化的関係の強化を支持し、九〇%が両国の一層の関係改善を希望した。

ポララ社は、調査結果をこう要約した。「われわれ(カナダ人)はまだアメリカ人になろうとは思わない。われわれは（米加）共通貨幣構想も好まない。われわれは自分たちの文化を守りたい。自分たちの価値観とアイデンティティを維持したい」、そしてカナダ人は米国の生活水準の高さをうらやんではいるものの、「金」より「生活の質」を重視している。

こうした対米評価や自己評価が正当かどうかは別として、多くのカナダ人は、「米国」や「アメリカ人」を強く意識し、その活力や技術力にある種の羨望を抱きつつも、カナダは別の（カナダ人からすればより優れた）価値観をもつ異なる国でありたい、と思っている。

ところで、世界には多くの多民族国家がある。国内に「主流民族」以外の民族がいても、民族主義（ナショナリズム）と強く結びついた単独文化主義をとる国もあれば、さまざまな文化を混ぜ合わせて融合させるというメルティング・ポット政策をとるという米国のような国、あるいはスイスのように一つの民族（ドイツ系）が六五％を占めるが、フランス系民族（一八％）、イタリア系民族（一〇％）、ロマンシュ系民族（一％）のためにそれぞれの言語を公用語として認める国もある。アジアでは、たとえば中国系が七七％、マレー系が一四％、インド系が八％を占めるシンガポールの場合、中国語、マレー語、タミール語、英語を公用語に指定している。一方、マレー系を中心、中国系、インド系などを抱えるマレーシアは多言語社会だが、公用語はマレー語だけだ。

単独文化主義とは、自らの文化や伝統、価値観を重視するあまり、国内に住む他の民族の文化や伝統や価値観を認めない、あるいは彼らがそうしたもの切り捨てて同化しなければ受け入れない、という同化政策の考え方を指す。「外人」を強く意識する日本も、日本人の顔、日本的な名前、日本的な衣服や習慣をもたず、日本語をよく話せない人を特別視して、排他的に扱うことが多い。極端な場合、かつてのナチス・ドイツのように、異分子とみなす民族が「優秀」な自民族と血が混ざることを嫌って、彼らを追放または虐殺してしまう例もある。米国南部ではＫＫＫ（クー・クラックス・クラン）などが黒人やその協力者たちを殺害する事件が相次ぎ、南アフリカでは白人政府が黒人たちを隔離地区に押し込んだ。

カナダの多文化主義は、通常、カナダ国内の民族的・文化的多様性を尊重する意味で使われるが、カナダの多国間協調外交にも通底する概念だ。多文化主義には、異文化理解、人権尊重、個人の尊厳、平等、法治主義（平和・秩序・善き統治）といった、国連憲章や世界人権宣言にも盛られたいわば人類普遍の価値観が込められている。それは、中級国家カナダが世界に誇れるソフトパワーである。それがカナダの国際主義的・多国間協調主義的な外交にも活かされているのである。カナダにおいては、内政と外交は切り離されたものではなく、共通の価値観に基づいている、と言ってよい。

（注１）英国国教会による宗教改革を不十分だと考え、聖書の教えにより忠実たらんとした人々で、

その一部はオランダや新大陸に移住した。メイフラワー号でニュー・イングランドにやってきた人々は、のちに「ピルグリム・ファーザーズ（巡礼父祖）」と呼ばれた。

（注2）プロテスタントが主流を占める英国植民地の中で、英国王チャールズ一世はカトリック教徒が迫害を受けずに住める地域としてメリーランド植民地の設置を認めた。メリーランド植民地議会は、一六四九年、すべてのキリスト教徒に信仰の自由を認める寛容法を定めたが、まもなく起こったピューリタン革命により信仰の自由は取り消された。

（注3）英国のピューリタン革命（一六四〇～六〇）の中から生まれたプロテスタントの一派で、霊的（内面的）経験による真理の追求を重視する。平和主義者として知られる。ペンシルバニア（「ペンの森」）はウィリアム・ペンが領主権を得てクエーカー教徒のために創設した。

（注4）英国からのアイルランド解放を目指してニューヨークで組織された秘密結社・フェニアン兄弟団は、一八六六年以降、何度か、英国領北アメリカ領を襲撃した。英国でアイルランド解放運動への世論を盛り上げるのが目的であったが、カナダの合併をもくろむ米国の膨張主義者たちの支援を受けていたとも言われる。

（注5）旧ケベック植民地は、前述のように、ロイヤリストたちの到来により英国系を中心とする「アッパー・カナダ」とフランス系の「ローワー・カナダ」に分割された。両カナダは一八四一年に「西部カナダ」と「東部カナダ」から成る「統合カナダ」に統一され、それが単に「カナダ」と呼ばれることもあった。人口は西部カナダが約四八万人、東部カナダが約

六七万人（うち五一万人はフランス系）で東部カナダ（フランス系）の人口の方が多かったが、議会は西部と東部に同等に配分された。

（注6）旧約聖書の詩篇七二にある「彼（王）が海から海まで、大河から地の果てまで、支配しますように」という言葉から採られたもので、当時は英国国王領（realm）を意味した。ちなみに、「バージン女王」と呼ばれたエリザベス英女王にちなんで名付けられた米国バージニア州のニックネームは「オールド・ドミニオン」である。

（注7）「ドミニオン・オブ・カナダ」は、日本では「自治領カナダ」と訳されてきたが、カナダはもはや英国領ではなく、カナダ人に対する課税権や徴兵権なども英国になかった。外交権は英国が握り、君主は英国女王が兼ね、「憲法」は英国議会の法律のままであったが、カナダは実質的には主権国家としての条件をほぼ備えていた。したがって、「ドミニオン」は「大英帝国内の自治国家」とでも解釈すべきであろう。また「連合王国と原則に類似した憲法」というのは、「マグナカルタ」などを含む英国の歴史的文書、「君主は君臨すれども統治せず」という英国王室の原則、国王が人民の自由や権利の守護者であるという考え、議院内閣制などを指すと解釈されている。

（注8）J.L.Granatstein, *Yankee Go Home?: Canadians and Anti-Americanism*, 88-89

（注9）トリポリ（現在のリビア）との戦い＝一八〇一～〇五年、北アフリカのバーバリ〈マグレブ地方、トリポリはその一部〉で行われた海賊掃討のための戦争。

第二次米英戦争（ナポレオン戦争）＝一八一二～一四年、五六ページ参照。

スマトラ攻撃＝一八三二年、スマトラ〈現インドネシア〉住民が米国商船を攻撃したことに対する報復戦で、米軍はおよそ三〇〇人の住民を殺害した。アジアにおける米国初の介入として知られる。

対メキシコ戦争＝一八四六～四八年、戦争の結果、米国はテキサスに対するすべての権利を手にしたほか、ニューメキシコとカリフォルニアを購入し、領土をメキシコ湾および太平洋沿岸まで拡大した。

ハワイ侵攻＝一八九三年、ハワイ王朝を強化しようとしたリリウオカラニ女王に対して、白人たちが反乱を起こし、白人主導の共和国を樹立した。米国は海兵隊を派遣してクーデターを支援し、一八九八年にはハワイ併合を決定した。

米西（スペイン）戦争＝一八九八～一九〇二年、キューバの対スペイン植民地解放を支援するこの戦争で、米国はキューバを独立させたほか、プエルトリコとグアムを取得し、フィリピンを二〇〇〇万ドルで購入した。

ニカラグア占領＝一九一二年、米国は中米ニカラグアへの介入を続けていたが、内戦が勃発するとアドルフォ・ディアス保守党政権を支援するために海兵隊を派遣した。海兵隊は一九三四年まで駐留した。

（注10）黒人やクエーカー教徒などを中心に、夜陰にまぎれて、逃亡奴隷を隠れ家から隠れ家へ手

引きし、「自由の天地」カナダへ案内した。

（注11）カナダでは一九二一年に共産党が結成された。警察の取り締まりを受けることはあったが、党員の多くは労働組合で活躍した。一九四五年には、駐加ソ連大使館の館員イゴール・グーゼンコが、戦時中、何人かの著名なカナダ人が原爆開発に関する情報をソ連に提供していたことを暴露して、大騒ぎになった。

また、日本で生まれ、『日本における近代国家の成立』や『忘れられた思想家』などの著書で有名な日本史家E・H・ノーマン（一九〇九～一九五七）は、カナダの外交官として将来を嘱望されていたが、英国留学中に共産党に入党したとして米国議会の非米活動委員会からしつこく追及され、駐エジプト大使在任中についに投身自殺した。

（注12）Statistics Canada, "Ethnic Diversity Survey"
<http://www.statcan.ca/Daily/English/030929/d030929a.htm>

（注13）The Conference Board of Canada, "One-Third of Labour Force Contribution to GDP Growth Provided by Visible Minorities, Despite Gap in Wages
<http://www.conferenceboard.ca/press/2004/visible_minority_study.asp>

（注14）カナダ各地で教会をはじめ、さまざまなボランティア・グループが貧困者に無償で食料を提供するためにつくった「食料銀行」。利用者は、ホームレスや失業者だけでなく学童や大学生など、社会各層に及ぶ。

第三章

カナダと米国の関係——経済と軍事

前章で、カナダが北アメリカ大陸を分かち合う米国と多くの歴史的接点をもち、米国の存在を強く意識しながら、何とか独自の国、社会、アイデンティティを築き、保持しようと努力していることを見てきた。本章では、より具体的に、この二つの国の経済関係や防衛関係などを検証したい。こうした関係が日米関係と比較にならないほど緊密であるにもかかわらず、カナダがイラク戦争など対外関係で米国と異なる道を選ぶことがあることを理解するためである。

その前に、まず両国の国土面積、人口、国内総生産（GDP）、軍事予算、地下資源、対外貿易などをおさえておこう（次ページ表）。アラスカ国境を含めて総延長八八九三キロメートルの国境線で分けられた両国が、面積や地下資源はともかく、それ以外はかなり異なることが一見してわかるだろう。人口も国内総生産（GDP）も、カナダは米国の一〇分の一でしかなく、軍事費にいたってはおよそ四〇分の一に過ぎない。政治体制は異なり、人口構成や言語や宗教も微妙に違う。

世界的に見ると、カナダは面積でロシアに次いで第二位を占めるが、人口では三四位。国内総生産（約一〇〇〇億ドル、二〇〇三年推定）で世界第一一位（一人当たりでも一一位）、輸出高では米・独・日・中・仏・英に次ぐ七位、輸入高では米・独・中・英・日・仏・伊に次ぐ八位、外貨保有高では二〇位。防衛予算（二〇〇三年）は韓国、トルコ、ブラジル、スペインを下回る一四位。国連開発局の人間開発指数（Human Development Index。一人当たりの国内総生産、平均寿命、就学率を基本に「生活の質」を指数化したもので、それぞれの国の「文明度」や「暮らし易さ」を示す）では

エスニック・グループ	宗　教	主要言語	天然資源	主要輸出先（03年推定）	主要輸入先（03年推定）
英国諸島系28%、仏系23%、他の欧州系15%、先住民２%、有色系６%、混血26%	カトリック46%、プロテスタント22%、その他34%	公用語（英語59.3%、仏語23.2%）、その他17.5%	鉄鉱石、ニッケル、亜鉛、銅、金、鉛、モリブデン、リン酸、ダイアモンド、銀、石炭、石油、天然ガス他	米国86.6%、日本2.1%、英国1.4%	米国60.6%、中国5.6%、日本4.1%
白人77.1%、黒人12.9%、アジア系4.2%、先住民1.5%	プロテスタント56%、カトリック28%、ユダヤ教２%	英語、スペイン語	石炭、銅、鉛、モリブデン、リン酸、ウラニウム、金、鉄、水銀、ニッケル、カリ、銀、石油他	カナダ23.4%、メキシコ13.5%、日本7.2%、英国4.7%	カナダ17.4%、中国12.5%、メキシコ10.7%、日本9.3%

出典／CIA,"The World Factbook"より作成

常に上位を占めるカナダではあるが、総合力では中位と考えてよいだろう。

カナダは「象の隣に寝ているようなもの」

「地理はわれわれを隣人にし、歴史はわれわれを友人にし、経済はわれわれをパートナーとし、必要はわれわれを同盟にした」

米国のケネディ大統領が、一九六一年（すなわち、ボマーク・ミサイル問題〈一四八～一四九ページ〉などをめぐって両国の関係がぎくしゃくしていたころ）、カナダ連邦議会で行った有名な演説の一節である。

米国は、ときに応じて、英国、日本、イスラエル、メキシコを「特別な関係」にある国と称してきた。しかし、米国とカナダの経済関係、軍事関係、人的交流、文化関係を見ると、双方にとって、両国の関係こそがまさに「特別」のようだ。

トルドー首相は、一九六九年、首都ワシントンの記者クラブで、「諸君（米国）の隣に住むのは、象の隣に寝ているようなものだ。

	独　立	政治体制	総面積（平方キロ）	人口（05年推定）	ＧＤＰ（04年推定）／一人当たりＧＤＰ（単位：米ドル）	軍事支出（03年推定・単位：米ドル）／対ＧＤＰ比
カナダ	1867年7月1日	連邦制民主主義（10州＋３国内属領＝準州）、議院内閣制。元首は女王（総督）	9, 984, 670	32, 805, 041	１兆ドル／31, 500ドル	98億ドル／1. 1%
米国	1776年7月4日	連邦制民主主義（50州＋首都＋海外属領）、大統領制。元首は大統領	9, 631, 418	295, 734, 134	12兆ドル／40, 100ドル	3, 707億ドル／3. 3%

象がいかにフレンドリーでおっとりしていても、ピクッと動いたり鼻を鳴らしたりするだけでこちらは起こされてしまう」という有名な言葉で両国の関係を表現した。その後（七一年）、ソ連を訪問したトルドーは、米国の圧倒的な存在は「文化的、経済的、あるいはおそらく軍事的な観点からさえ、カナダの国家的アイデンティティにとって危険」と述べた。その後、米国のニクソン大統領はドル危機（貿易赤字、海外投資の増加、ベトナム戦争の戦費増大で米国の国際収支は極端に悪化し、ドルへの国際的信用が低下した）を乗り切るために輸入品に課徴金（追加関税）を課し、例外扱いを期待していたカナダをも対象にしたため、貿易と雇用に深刻な打撃を与えた。

しかしトルドー首相がキッシンジャー国務長官などに懇願したため、米国はカナダからの輸入品は例外扱いにした。

ただ、トルドー首相がＮＡＴＯや対米同盟関係からの漸次撤退を表明したため、ニクソン大統領は「われわれ（米国とカナダ）は、まったく異なるアイデンティティをもっていることを、そろそろ認識すべきだ。われわれには大きな相違があり、こうした実態がぼやかされてしまうのは誰のためにもならない」と述べて、米加の「特別関係」の終焉を告げた。トルドー首相が米国のベトナム戦争を批判したことが、ニクソン政権をさらに怒らせた。

しかし、ニクソン大統領の「終焉」宣言が両国の特別な関係にピリオドを打つことはなかった。米国政府はベトナム休戦監視委員会に加わるようカナダを説得し、カナダはその意にしたがい、さらに米国の撤退を助けた。その後、両国はＮＯＲＡＤ（北米防空協定、現北米航空宇宙防衛協定）を何度も更新し、自由貿易協定を提携して相互の貿易・投資関係をいっそう促進し、そしてあとで述べるように、クレティエン政権のイラク戦争不参加にかかわらず、ブッシュ大統領は米加間の「特別な関係」を重視する旨の発言をしているのである。

相互依存の経済関係

それでは、まずカナダ国際貿易省（二〇〇三年末に外務・国際貿易省から分離）の資料から両国の経済関係を見ることにしよう（前出の表の米ＣＩＡのドル表示の数字とは若干異なる。なお単位はカナダドル。二〇〇三年現在、一カナダドル＝約〇・七五米ドル）。

次ページの円グラフ（図1）が示すのは、カナダ対外商品輸出に占める米国の割合である。二〇〇三年には輸出の実に八二・五％（前年は八三・八％）が米国向けであった。米国以外への輸出は全体の一七・五％（二〇〇二年は一六・二％）に過ぎない（米国以外の主な輸出先と比率は、ＥＵ

図１　カナダの地域別商品輸出（2003年）　※カッコ内の数字は2002年

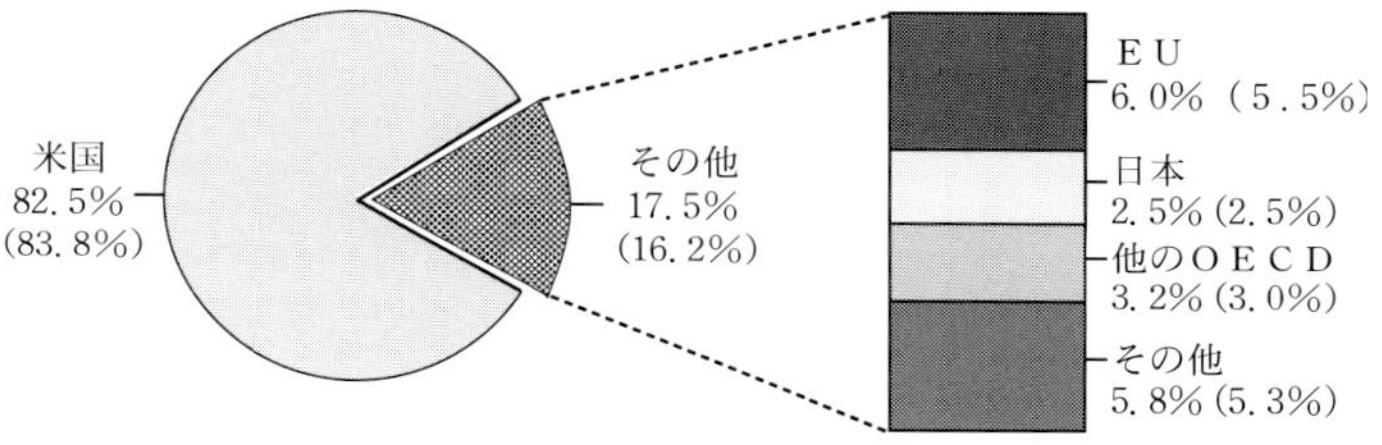

出典／カナダ国際貿易省

六・五%、日本二・五%、他のＯＥＣＤ諸国三・二%、その他五・八%）。

米国はカナダからさまざまな鉱物資源や新聞用紙など多くの産品を輸入しているが、特に注目されるのはエネルギー資源だ。米国の対加エネルギー依存率はきわめて高く、石油（原油・精油）輸入の一七%にのぼる。次ページ図２のグラフが示すように、ベネズエラやサウジアラビアやメキシコへの依存率を上回り、イラクからの輸入の四倍を超える。

カナダの石油は、アルバータを中心とするオイルサンド（油砂）、大西洋沿海（ニューファンドランド島沖）の海底油田、ボーフォート海など北極海海底油田が知られており、米国の中西部・ロッキー山脈地方や東部に輸出されている。

さらに、米国が輸入する天然ガスの九四%はカナダ産だ。天然ガスは主としてアルバータやボーフォート海で産出し、パイプラインで米国へ輸送される。

米国が輸入する水力発電もほぼ一〇〇%がカナダからだ。カナダは水力が豊富で、国内電力需要のほぼ六割を水力に依存しているほど（残りは石油、原子力、天然ガス、わずかながらバイオマス、風力、太陽エネルギー、

図２　米国の石油輸入に占める各国の割合(%)
（2003年）

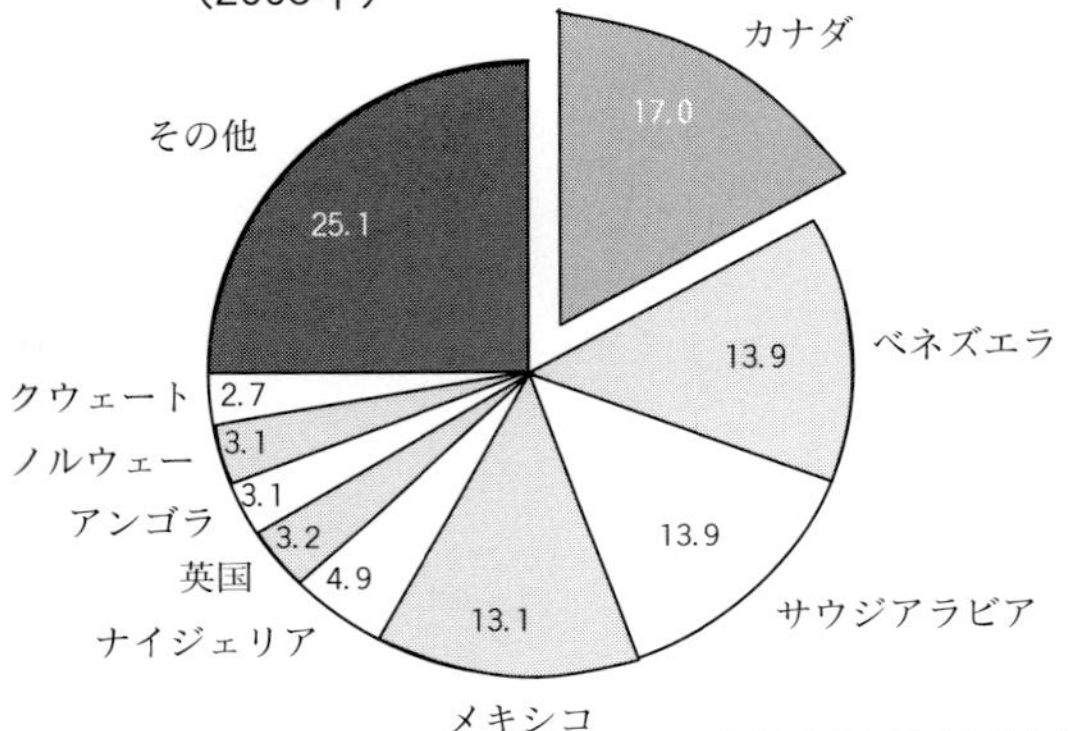

出典／カナダ国際貿易省

潮力など）だが、ケベック州やオンタリオから米国へ送電している。米国で一九六八年と二〇〇三年に起こった大停電は、カナダから米国への送電網の故障に原因があったと言われる。

カナダは世界のウラニウム需要の三〇％以上を供給する世界一のウラン産出国であるが、国内の原子力発電の必要量を満たした残りは米国を中心に、日本やヨーロッパ諸国に輸出している。米国が原子力発電に必要とするウランの三五％はカナダからの輸入によるものだ。

次に、商品輸入に占める米国の割合（左ページ・図３）は、輸出ほど高くはないが、それでも全体の七〇・一％（二〇〇二年は七一・五％）に達する。残り二九・九％のうち、ＥＵは一〇・二％、日本は三・一％、その他のＯＥＣＤ諸国は五・八％、その他の国や地域は一〇・八％と、輸出と比べて多少は多様化しているものの、米国が圧倒的なシェアを占めていることには変わりない。

このように、カナダの米国向け輸出と米国からの輸入の比率は、他の国・地域への輸出や他の国・地域からの輸入を圧倒しており、カナダがいかに米国経済と一体化しているかを示している。

図３　カナダの地域別商品輸入（2003年）※カッコ内の数字は2002年

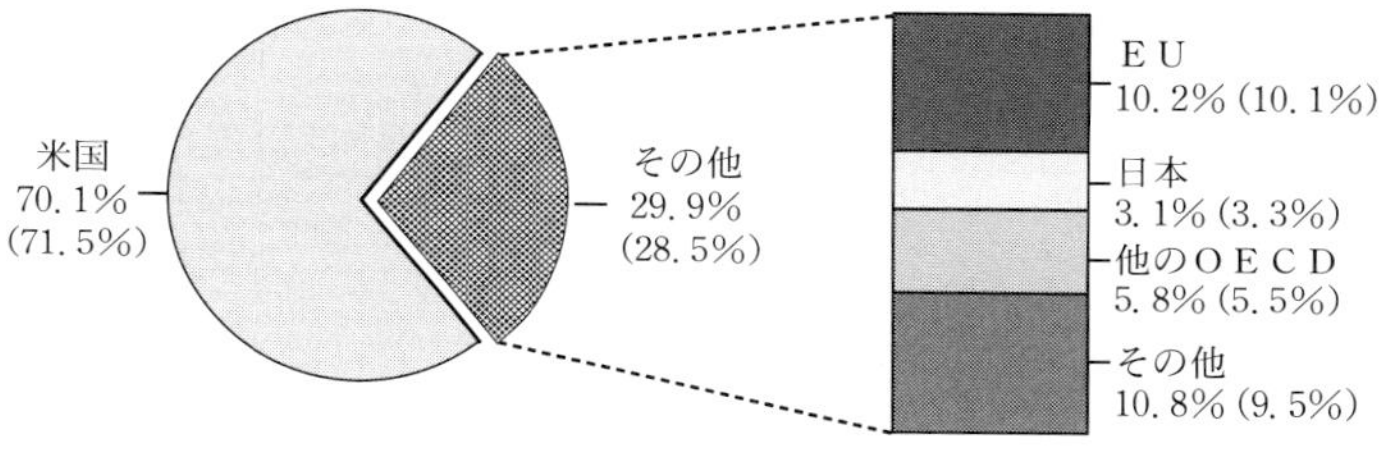

出典／カナダ国際貿易省

日本の対米貿易はどうだろうか。日本の財務省の統計（二〇〇三年度）によると、日本の対外輸出に占める米国の割合は二三・九％、輸入は一五・〇％に過ぎない。輸出入ともここ数年、米国との貿易が縮小しているのに対して、アジアとの貿易は増え続けており、二〇〇三年の時点ではアジア向けの輸出は対米輸出のほぼ二倍、輸入は対米輸入の三倍にも達する。

　米国にとっても、次ページの表が示すように、最大の貿易相手国は日本ではなく、カナダである。米国産商品の輸出（二〇〇三年一～一〇月）のうち、カナダ向けがおよそ一六〇〇億ドルとトップ。日本はメキシコに次ぐ第三位で、その額は約四六〇億ドルに過ぎない。輸入も、二一二四億ドルのカナダを筆頭に中国、メキシコと続き、日本からの輸入は金額にしてカナダからの輸入のほぼ半分である。輸出入を合わせると、全体の一九・六％をカナダが占め、日本はメキシコ（一一・七％）および中国（一〇・〇％）に次ぐ第四位（八・一％）となっている。

　今度は投資に目を向けてみよう。次ページの円グラフ（図４）は、カナダにおける世界各地からの直接投資（二〇〇三年）の内訳を示したも

米国の主要貿易相手国（2004年1-10月／単位億米ドル）

輸出			輸入		
順位	国	額（比率）	順位	国	額（比率）
1	カナダ	1,575（23.2%）	1	カナダ	2,124（17.6%）
2	メキシコ	916（13.5%）	2	中国	1,596（13.2%）
3	日本	457（6.7%）	3	メキシコ	1,293（10.7%）
4	英国	299（4.4%）	4	日本	1,067（8.8%）
5	中国	285（4.2%）	5	ドイツ	634（5.3%）

出典／米国統計庁

のである。外国からの直接投資の実に六四％（総額二二八四億カナダドル）は米国からの投資である。地域別には二位がＥＵで三位がアジアとなっている。アジアの筆頭は日本であるが、その額は九七億ドル（ほかに香港が四七億ドル、オーストラリア二〇億カナダドルなど）と、米国の足下にも及ばない。米国の直接投資は、とりわけサービス業、小売業、エネルギー・金属鉱物、機械、輸送機器の分野で、外国投資総額の七割以上を占める。

カナダから外国への直接投資も、やはり第一位は米国で、全体の四一・三％（一六四九億カナダドル）を占める。米国への投資は、サービス業と小売業にほぼ集中し、あとは木材・製紙、エネルギー・金属鉱物、金融・証券などに分散している。

このような米加間のきわめて緊密な経済関係をもたらしたのは、両国の相互補完性（カナダの豊かな資源、経済開発・成長のための投資誘致の必要性、米国市場の魅力、米国経済の発展力など）や一体ともいうべき地理的近さ、社会や商習慣の近似性などに求めることができよう。その関係は、一九八〇年代に締結された米加自由貿易協定、九四年にメキシコを加えて成立した北米自由貿易協定によって、さらに促進された。

図4 対カナダ直接投資の地域別比率（左）
とカナダの地域別対外直接投資（右、2003）
出典／カナダ国際貿易省

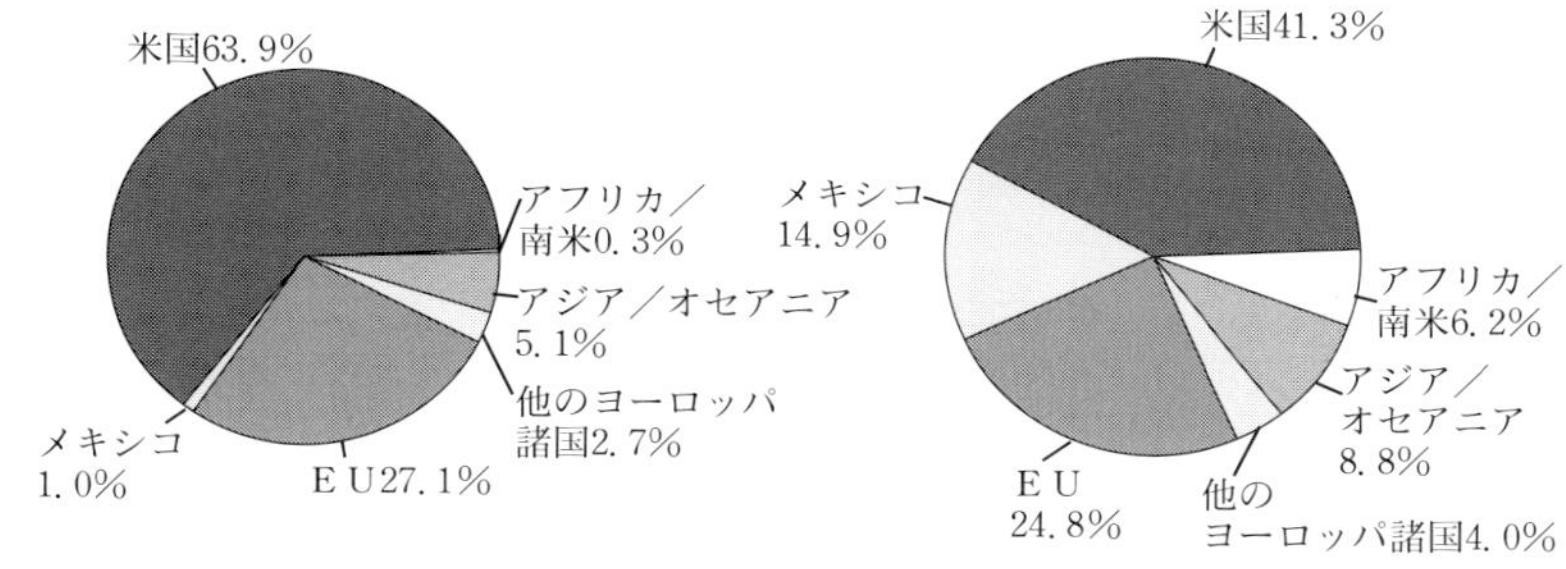

カナダでは、一九五〇年代から六〇年代にかけて、カナダ経済の米国「ブランチ・プラント（分工場・子会社）」化（六九ページ参照）が懸念された。米国資本が最初は新聞用紙、次は鉱業、製造業、小売業などの分野でカナダに子会社をつくり、あるいはカナダ企業を買収した。その結果、米国政府の規制が及ぶ米国の親会社の経営方針のもとに子会社が運営され、カナダ独自の経営ノウハウや技術が育たず、収益はカナダに再投資されず、カナダは経済・輸出・労働政策に対する自主権を失いつつある、と言われるほどだった。貿易、投資、知的財産などの自由な流通を促進しようという米加自由貿易協定や北米自由貿易協定は、「ブランチ・プラント」化をさらに促進したように見える。

とはいえ、米国の対加投資や北米自由貿易協定による米国市場の開放がカナダ経済の発展に寄与したのも事実である。米国の資本や市場なしに、カナダ経済の発展はあり得なかったと言ってもよいだろう。

世界主要国の軍事費（2003年）

順位	国名	金額（億ドル）※1	世界シェア（%）	購買力平価額（億ドル）※2	
1	米国	4174	47	米国	4174
2	日本	469	5	中国	〔1510〕
3	英国	371	4	インド	640
4	フランス	350	4	ロシア	〔632〕
5	中国	〔328〕	4	フランス	384
6	ドイツ	272	3	英国	350
7	イタリア	208	2	日本	328
8	イラン	〔192〕	〔2〕	ドイツ	304
9	サウジアラビア	191	〔2〕	イタリア	264
10	韓国	139	2	サウジアラビア	256
		合計　6693	合計　76		合計8842

出典／ストックホルム国際平和研究所　〔　〕内は同研究所の推定　※１は市場交換レート　※２の購買力平価とは、米国で１ドルで購入できるものを、例えば中国やインドではいくらで購入できるかを基準に評価したもので、内外価格差が反映される。

軍縮国家と軍事超大国

さて、今度は、米加間の防衛関係を見てみよう。

まず両国の軍事力を比較してみる。米国の情報機関ＣＩＡによれば、二〇〇三年度の米国の国防費は三七〇〇億ドルで、それだけでも同期のカナダの国防費九八億ドルの約三七倍にのぼる。

しかしストックホルム国際平和研究所によれば、米国の国防予算は二〇〇一年にすでに三九九九億ドルに達し、ブッシュ政権下で二〇〇三年度には四一七四億ドルに引き上げられたというから（カナダは変わらず）、カナダの約四三倍ということになる。米国の国防費は世界の総国防費の実に四七％を占め、第二位の日本（四六九億ドル）、第三位の英国（三七一億ドル）、第四位のフランス（三五〇億ドル）、第五位の中国（推定三二八億ドル）を大きく引き離している。

兵力は米国の一五〇万人（二〇〇三年）に比べて六万人強し

図５　カナダの国防費の変遷（対ＧＤＰ比％）

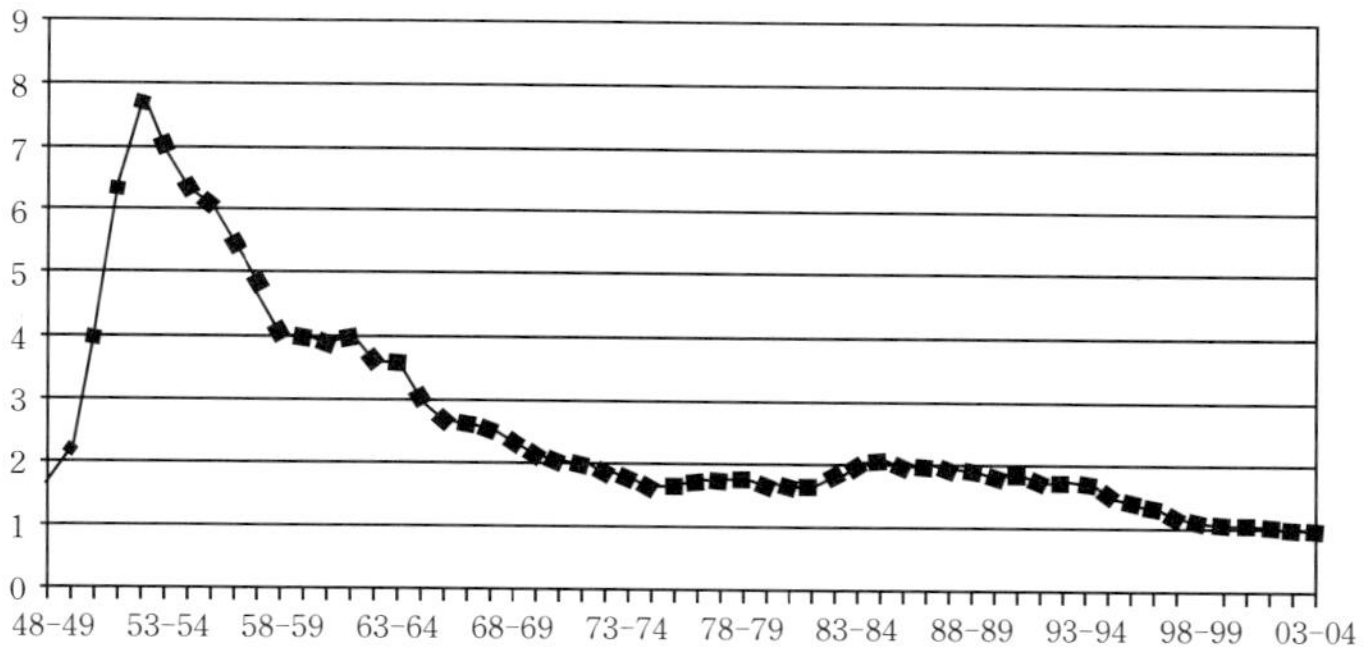

出典／カナダ国防省

かない。

　カナダの軍隊は、カナダ国防省や「カナダ二一世紀安全保障会議」のＪ・Ｌ・グラナツティン議長が嘆くように、一九六〇年代以降、縮小の一途をたどってきた（図５）。たとえばグラナツティンは、二〇〇四年三月の講演で、カナダ軍の状態を「廃棄物搬出容器に捨てられたも同然」と表現し、防衛予算が不十分な割に軍隊は世界各地で危険な役割を負わされていると非難した。

　「誰がカナダ軍をつぶしたか」と題するこの講演で、グラナツティンが「犯人」と名指ししたのは、国防省の官僚たちと第二次大戦後の歴代首相であった。カナダ軍を国連平和維持活動のイメージに変えたレスター・Ｂ・ピアソン首相、ボマーク・ミサイル配備やキューバ危機でケネディ米大統領を怒らせたジョン・ディフェンベーカー首相、カナダ軍を統合したポール・ヘリヤー国防大臣、軍事への関心をまったく示さなかったピエール・トルドー首相、カナダ軍の増強と近代化を約束しながらそれを実行しなかったブライアン・マルルーニー首相、カナダ軍を世界各地に派遣しながら防衛予算を削減したジャン・クレティエン首相である。グラナツティンは、最後に、国家防衛能力を失わせたこれらの政治家たちを選んだ選挙民の責任を問うた（注1）。軍事強化をしなかった指導者と国民はすべて悪者だ、というのである。

たしかに、カナダの正規軍は一九六〇年の約一二万人規模から、ほぼ毎年縮小され、二〇〇一年にはほぼ六万人に減った（陸軍一万九〇〇〇人、海軍九五〇〇人、空軍一万三〇〇〇人、管理・支援スタッフ一万八五〇〇人）。国内防衛を主任務とする予備役二万人強を含めても、およそ八万人である。二〇〇二年には、正規軍のうち三〇〇〇人がアフガニスタンなどにおけるテロとの戦いやボスニア・ヘルツェゴビナにおけるＮＡＴＯ平和維持活動のために派遣されていた。二〇〇一年度の防衛予算は一〇五億七〇〇〇万カナダドルで、ホーネットＦ－18Ａ戦闘機一二一機分に相当するという。

やや古いが、一九九九年の国防省資料によると、カナダ軍現役兵約六万のうち、実戦力となるのは軍曹七〇〇〇人、伍長二万八〇〇〇人、兵卒五五〇〇人と、合計約四万人に過ぎない。二〇〇四年末現在も、それほど変わらないだろう。

二〇〇〇年夏には、カナダ軍の装備状態を象徴するかのような「事件」が起こっている。事件は、カナダのフリゲート艦二隻が大西洋沿岸で逃げ回る米国（船籍登録はセントビンセント・グレ

カナダ軍の構成

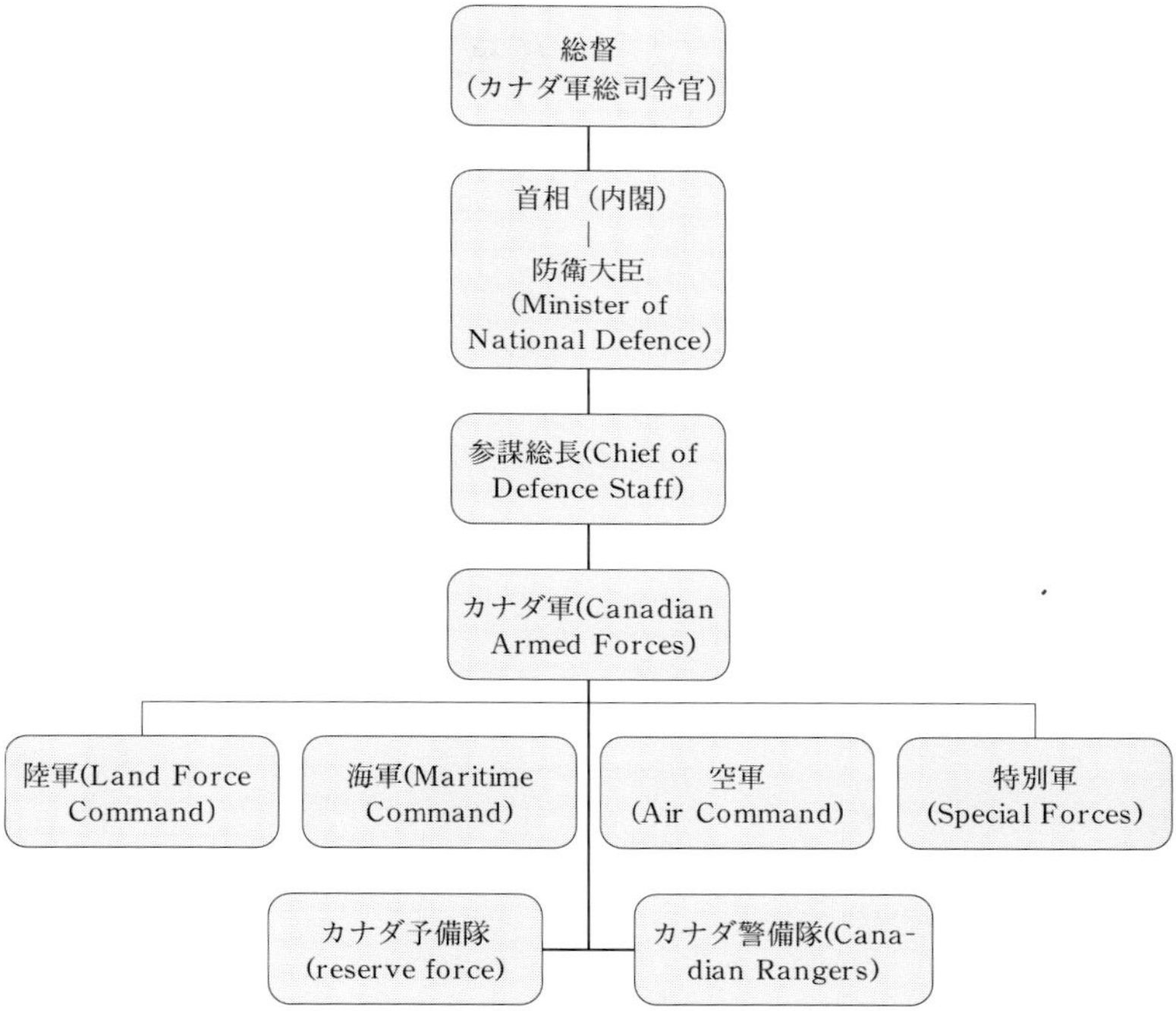

カナダは、1960年代末に、海軍、陸軍、空軍を経費削減の名目で「カナダ軍（Canadian Armed Forces)」に統合した。しかし、現実には、隊員はそれぞれの特性に応じて、「海軍」「陸軍」「空軍」のいずれかの「環境（environment)」（米英で言うところの“service”）に所属する。医療や警察などのように軍事的な「特性」で分けられない場合は、必要に応じて配属が決まる。特別軍は合同任務軍２（ＪＴＦ２）とも呼ばれる対テロ戦などの特殊部隊で、陸・海・空の将兵で構成される。予備軍はパートタイムで訓練を受ける民間人志願兵（構成は、海軍、空軍、陸軍、通信、医療サービス）で、実戦に派遣されることもある。必要に応じて予備軍に参加してもよいという元兵士や元予備役兵から成る補助予備軍やカナダの北極や遠隔地で活動するカナディアン・レンジャー（警備隊）が、カナダ軍を支援する。（出典／カナダ国防省）

ナディーン）の輸送船ケイティ号を追跡し、ついにヘリで飛び立ったカナダ兵の一群が同船を拿捕したことで明らかになった。実は、ケイティ号は、カナダ政府との契約により、カナダが平和維持活動のためにコソボに持ちこんでいた装甲車五台と軍用車両五七〇台、一億五〇〇〇万ドル相当の武器弾薬三九〇箱および通信機器、それを守るためのカナダ兵三人を運んでいたのだが、代金支払いをめぐって折り合いがつかなかったため、貨物の引き渡しを拒否していたのである。

この事件は、はからずも、カナダ軍の装備不足を露呈した。カナダ海軍には重装甲車を運ぶ輸送艦はなく、空軍のC―130ハーキュリーズ大型輸送機は二〇トンの輸送能力しかないため、外国船をチャーターせざるを得なかったのである。しかも、これらの貨物はカナダ軍の全装備の約一〇％に相当したというから、装備の規模がうかがい知れよう。

事件は二〇〇四年にも起きている。カナダは一九九八年に、四隻のディーゼル潜水艦を英国から購入するという契約を交わした。これらのビクトリア級潜水艦は八〇年代はじめに建造されたものの、英国は原子力船潜水艦に切り替えるため、すでに現役から引退させていた中古艦であった。カナダはこれらの潜水艦を総額七億五〇〇〇万ドルで購入し、さらに一億五〇〇〇万ドルをかけて改造して使用することにしたのである。ところが、〇四年一〇月に引き渡されることになった四隻目の潜水艦「シクティミ号」が、カナダに向かう途中で火災を起こした。火はすぐ消し止められたものの、乗員五七人のうち数人が負傷し、一人がアイルランドの病院に運ばれたあと死亡した。艦は浮上したが自力で航行ができず、嵐のなかを漂流したのち、スコットランドのファスレーンへ曳航された。

二〇〇一年の九・一一テロのあと、対テロ対策を加えて、国防予算は二〇〇三年度には一二三億カナダドル、二〇〇四年度には一三三億カナダドルに引き上げられた。しかし、老朽化した戦闘機、駆逐艦や巡洋艦などの艦船、戦車などを補充し近代化するにはまったく不十分だと言われている。

カナダ上院の国家安全・防衛常任委員会も、二〇〇二年二月に続いて同年一一月、九・一一テロ後のカナダの防衛・安全保障の不備を指摘し、カナダ軍を七万五〇〇〇人に増員するよう勧告する報告書を発表した。

二〇〇三年八月には、当時の国防大臣ジョン・マカラムが、カナダが一年以内に一〇年ぶりの軍隊の見直し（レビュー）を行うと発表している。大臣によれば、カナダと北米大陸の防衛および海外軍事活動への参加を目的に、冷戦後のテロ対策や技術改革にあわせた緊急即応態勢のための軍隊再編、要員の教育・訓練、装備の近代化を含む「トランスフォーメーション（再編）」を行うのがレビューの趣旨であった。二〇一三年までに予備役を加えた軍事要員を八万五〇〇〇人に増やすという計画も明らかにされた。

その後、クレティエン政権から変わった同じ自由党のポール・マーティン政権は、二〇〇四年四月、「開かれた社会の確保――カナダの国家安全保障政策」を発表した（二二九ページ参照）。マーティン首相は、また、二〇〇四年一〇月の所信表明演説で、常備軍をおよそ五〇〇〇人、予備役を三〇〇〇人増やすことを表明した（二三〇ページ参照）。

米国と一体化している防衛戦略――NORADとミサイル防衛

米国とカナダは、ソ連のミサイルや長距離爆撃機から北米大陸を防衛するため、両国の空軍を統合・指揮できる北米防空軍（NORAD＝一九八一年に「北米航空宇宙防衛軍」に改称）を一九五七年に創設した（協定が交わされたのは翌五八年）。カナダ国内には、すでにソ連からの攻撃を察知するための早期警戒レーダー網が建設されており、米コロラド州コロラドスプリングスのピーターセン空軍基地内の山中地下に司令部をおくNORADは、こうしたレーダー網や飛行中の哨戒機から得た情報を受けてただちに防衛・反撃できる態勢をしいた。

NORAD協定は五年ごとに更新され（二〇〇四年八月に九度目の更新が行われた）、約五〇年を迎える。現在は、かつてカナダ極北に点在していたレーダー基地の多くは撤去され、一部はコンピューター化あるいは無人化されている。米本土、アラスカ、カナダの三地域に分けられ（米本土とカナダはさらに細分化されている）、超水平線後方散乱レーダー・システム（OTH―B）、北方警戒システム（NMS）、航空機搭載レーダーから司令部に送られた情報が、これらの地域に転送

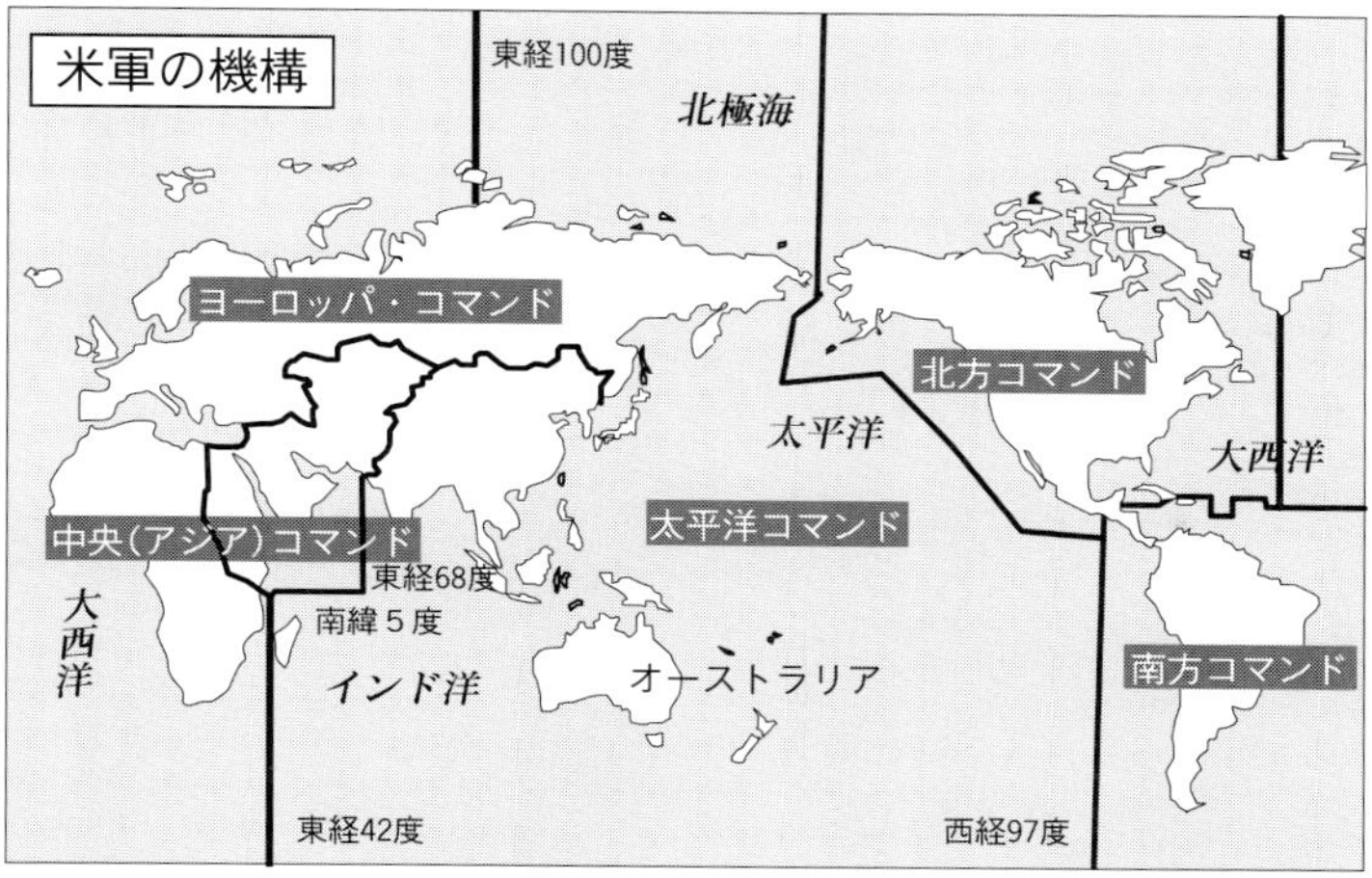

米軍は、９つの統合コマンドで編成されている。統合コマンドとは、国防長官の下に、陸軍、海軍（海兵隊を含む）、空軍のうち２つまたは３つの軍（サービス）の要員で編成された戦闘機構で、５つの地域方面軍（ヨーロッパ・コマンド、太平洋コマンド、中央〈アジア〉コマンド、南方コマンド、北方コマンド）、３つの特殊機能軍（特別作戦コマンド、戦略コマンド、輸送コマンド）、そして上記の地域方面軍を支援する統合コマンドからなる。そのうち北方コマンドは、宇宙コマンドが戦略コマンドに編入された2002年10月に設置され、米国とその属領の防衛を担当する任務を与えられている。

されることになっている。カナダ地域の司令部は一九九七年、オンタリオ州ノースベイ空軍基地からウィニペグに移された。

米国の北方コマンドの司令官はＮＯＲＡＤの司令官を兼ねており、ＮＯＲＡＤの副司令官はカナダ人と決まっているものの、ＮＯＲＡＤそのものは実質的な米軍の指揮下にあると考えてよいだろう。

米国政府が進める弾道ミサイル防衛システム（ＢＭＤ）について、両国政府は、〇四年一月、カナダがＢＭＤシステムに参加するかどうかを引き続き協議する旨の同意書に調印した。しかし結局、〇五年二月、カナダ政府は米国のミサイル防衛システムに参画しないと発表した（一二三ページ参照）。

ただし、これまで、カナダの対ミサイル警戒網は米国の弾道ミサイル防衛司令部の利用に供されてきたし、二〇〇四年のＮＯＲＡＤ協定更新でも、ＮＯＲＡＤのミサイル警戒機能を米軍のミサイル防衛システムに役立てることを確認している。

在加米軍一四七人と駐留軍法

カナダ軍は、さらに、米軍ときわめて包括的な相互運用性（インターオペラビリティ）をもっている。カナダ国防省によれば、「カナダと米国の海・陸・空軍は、毎年、何度となく共同軍事訓練を行い、防衛研究・開発で協力し、ＮＯＲＡＤおよびＮＡＴＯのパートナーでもある。カナダと米国の間に八〇以上もの防衛協定、国防省の間に二五〇以上の覚書、防衛問題を協議するおよそ一四五の協議機関が存在する」。

同省があげる主な防衛協定は、「常設合同防衛委員会（ＰＪＢＤ）」（一九四〇年創設）、「軍事協力委員会（ＭＣＣ）」（一九四六年）、「防衛生産・防衛開発共有協定」（一九五六年）、「北米航空宇宙防衛軍（ＮＯＲＡＤ）」（一九五八年）、「米加試験・評価プログラム」（一九九三年）、そして九・一一テロ以降の共同安全保障についての「米加計画グループ」（二〇〇二年）に関する合意である。日米安全保障条約の「地位協定」に相当する協定は紹介されていない。

上記のさまざまな協定から察せられるように、防衛についてはカナダと米国はほとんど一体化している、といっても過言ではない。ここでキーワードとなるのは「相互運用性（インターオペラビィリティ）」である。カナダ国防省の説明を引用しよう。

相互運用性は、単に互換性のある技術を使うことだけではない。互換性のある訓練、ドクトリン、指揮・管理手続きが必要となる。これらの要素をすべて結びつけることにより、異なる国々のインターオペラブル（相互運用可能な）軍隊はリスクを最小限にし、互いの強みを生かして……一糸乱れず行動できる。共同・統合訓練は、米加間のインターオペラビィリティの重要な要素である。共同訓練は、特定の目的を達成するため、二つまたは三つのサービス（海軍、陸軍、空軍）のアセット（武器・機材）を調和させること、統合訓練は特定の目的を達成するため複数の同盟国のアセットを調和させ、あるいは合体させることを意味する（注2）。

国防省が具体的な例としてあげているのは、湾岸戦争における対イラク制裁措置として派遣したフリゲート艦「オタワ」「シャーロットタウン」「バンクーバー」などが米国の空母戦闘軍に編入されたこと、カナダの軽歩兵戦闘グループが、アフガニスタンのカンダハルで米国の戦闘部隊に編入されたことなどである（二二ページ参照）。そのほか、カナダ軍と米軍は、ほぼ日常的に合同訓練を行っている。

前記の早期警戒網は米加両国が共同管理しているが、カナダには日本にあるような米軍基地はない。第二次世界大戦中は、ニューファンドランド島のグースベイが米軍基地として利用されたほか、一九五〇年代から七六年まで、米空軍内五戦略飛行隊の本拠地としておよそ一万二〇〇〇人の軍人・軍属をかかえていた。その後も分遣隊が駐留したが、九一年に撤退した。

二〇〇四年の時点で米本土、ハワイ、米国属領を除く諸外国に勤務する米軍要員約二五万八〇〇〇人のうち、カナダに駐在するのはわずか一四七人だ。ドイツの七万六〇〇〇人、日本の四万人、韓国の三万七〇〇〇人、イタリアの一万三〇〇〇人、英国の一万二〇〇〇人とは比較にならない。ハイチ（四六〇人）、ホンジュラス（四〇〇人）、オーストラリア（二〇〇人）、シンガポール（二〇〇人）などと比べても少ない（注3）。

在加米軍の内訳は、一五六人中、空軍八三人、海軍五六人、海兵隊九人、陸軍八人という二〇〇〇年の構成（注4）とそれほど変わらないだろう。空軍兵と海軍兵が多い。主に早期警戒網勤務、太平洋沿岸や大西洋沿岸の海軍基地勤務、大使館勤務（武官）などであろう。カナダに駐在する米軍兵士あるいは米国に駐在するカナダ兵の行動については、北大西洋条約機構の地位協定によって規制される。

これに加えて、米加間の間には陸上部隊の一時的国境間移動や軍用機の越境に関する取り決めが交わされており、米国の陸・空・海（海兵隊を含む）軍およびカナダ軍、また軍用機が越境する場合は、外交ルートによる許可申請、各人の移動許可証や身分証明書の携帯、通信機器の詳細の通知に至るまで、それに従う（ただし、米本土とアラスカの間をカナダ経由で移動する場合は統合参謀本部間の協議・連絡による)。滞在先での犯罪や規律違反に関する管轄権や滞在中に発生した損害の請求賠償については、北大西洋条約機構の地位協定が適用される(注5)。

こうした取り決めを受けて、カナダには公務のためカナダに駐留する外国軍隊およびそれに所属する民間人に関する駐留軍法(Visiting Forces Act)が定められている。英国やオーストラリアなどの軍隊がカナダを訪問することもあるが、地理的環境や米加間の軍事関係から見て、一時的にせよカナダに駐留するのは主として米軍と考えてよいだろう。

この法律の全容を紹介するスペースはないので、犯罪に関する部分だけ見てみよう。それによると、本国(たとえば米国)の財産や安全、駐留軍のメンバーや財産、あるいは公務中に犯した行為については、駐留軍に司法権がある。またカナダ駐留中の外国軍は、その兵員および軍属に関するあらゆる刑事・処罰権をもつ。それ以外に、カナダの法律に反する行為をした外国兵や軍属に対する裁判権はカナダの民事裁判所にある。ただし、外国兵や軍属がカナダ駐留中の外国軍(軍法)により有罪または無罪の判決を受けた場合、同罪によりカナダの民事裁判所で裁かれることはない。

このように、たとえばカナダに駐留する米軍は米国の財産や同軍所属の兵士・軍属に対する一次的裁判権こそもつものの、カナダの法律に違反した米兵や米軍属に対してはカナダに裁判権がある。カナダに米軍基地は存在せず、またカナダ駐留の米軍要員は百人余りに過ぎないということもあって、日本（とくに沖縄）で起こっているような事故や事件はほとんど発生していないが、日米地位協定における日本と比べて、カナダは主権国家同士として米国ときわめて対等な立場を維持していることが察せられよう。

なお、ストックホルム国際平和研究所が作成した左ページの表は、米国の軍事基地をおいている同盟国が負担している「ホスト国支援」の額（二〇〇一年）である。それによると、同盟二五カ国のホスト国支援の合計は七四億五〇〇〇万米ドル。その六割を越える四六億ドルは日本が負担しており、それだけでドイツ、イタリア、スペイン、英国を含むＮＡＴＯ諸国の合計の三倍にのぼる。米軍要員一六五人が配備されているカナダの支援額がＮ／Ａとなっているのは、「該当せず」の意味で、ゼロまたはそれに近いという意味であろう（米国防省の他の統計では、カナダの支援額はゼロとなっている。注6）。他にＮ／Ａとなっているのは、チェコ共和国、フランス、オランダ、ポーランドのみである。

ちなみに直接支援とは労務費や電気・ガス・水道代の肩代わり、間接負担とは米軍の使用する軍用地の地代や税金・関税・家賃の免除などを指す。

在外駐留米軍の規模と各国の駐留費分担額

（2001年12月末現在　単位：100万米ドル）

ＮＡＴＯ諸国	米軍駐留規模（人）	直接支援	間接支援	合計
ベルギー	1, 554	0. 17	54. 35	54. 52
カナダ	165	ＮＡ	ＮＡ	ＮＡ
チェコ	15	ＮＡ	ＮＡ	ＮＡ
デンマーク	28	0. 02	0. 05	0. 07
フランス	70	ＮＡ	ＮＡ	ＮＡ
ドイツ	71, 434	8. 21	853. 45	861. 66
ギリシア	526	0. 47	17. 27	17. 74
ハンガリー	26	0	2. 4	2. 4
イタリア	11, 854	2. 90	321. 13	324. 03
ルクセンブルク	10	1. 11	18. 72	19. 83
オランダ	696	ＮＡ	ＮＡ	ＮＡ
ノルウェー	187	10. 31	0	10. 31
ポーランド	20	ＮＡ	ＮＡ	ＮＡ
ポルトガル	992	1. 71	2. 39	4. 10
スペイン	1, 778	0. 00	119. 58	119. 58
トルコ	20, 170	0. 00	13. 55	13. 55
英国	11, 361	20. 06	113. 84	133. 9
小計	120, 886	44. 96	1, 516. 73	1, 561. 69
太平洋諸国	米軍駐留規模（人）	直接支援	間接支援	合計
日本	39, 691	3, 456. 63	1, 158. 22	4, 614. 85
韓国	37, 972	420. 33	384. 65	804. 98
小計	77, 663	3, 876. 96	1, 542. 87	5, 419. 83
湾岸諸国	米軍駐留規模（人）	直接支援	間接支援	合計
バーレーン	1, 280	2. 00	20. 18	22. 18
クウェート	4, 300	239. 08	8. 55	247. 63
オマーン	560	0. 00	29. 74	29. 74
カタール	72	0. 00	17. 59	17. 59
サウジアラビア	4, 802	4. 76	68. 90	73. 66
アラブ首長国連邦	207	0. 08	74. 01	74. 09
小計	11, 221	245. 92	218. 97	464. 89
総合計	209, 770	4, 167. 84	3, 278. 57	7, 446. 41

ＮＡ（Not Applicable）＝非該当

※直接支援とはそれぞれの国が負担する駐留経費（労務費、施設整備費、光熱費、水道料金など）、間接支援とは税金や土地代の免除などを指す。

出典／Department of Defense, "Chart II-4 - U.S. Stationed Military Personnel & Bilateral Cost Sharing (2001 Dollars in Millions, 2001 Exchange Rates)"
<http://www.defenselink.mil/pubs/allied_contrib2003/chart_II-4.html>

軍事国家にならないカナダ

カナダ軍が最大規模に達したのは第二次世界戦中の七九万人である。当時の人口が一一五〇万だから、およそ一四人に一人が軍務についていたことになる。戦死したのは三万九〇〇〇人で、英国の三九万人を別にすれば英連邦の中ではインドやオーストラリアなどより多かった。戦後は兵士の大半が除隊し、一九五〇年には四万七〇〇〇人に減った。その後、朝鮮戦争と冷戦によって増えたが、それでも前述のように一九六〇年当時の一二万人が最大で、七〇年には九万三〇〇〇人、八〇年には八万人と次第に縮減された。

カナダが米国のような軍事国家にならなかった原因はいくつか考えられる。

第一は、第二次大戦中に生まれた「ミドル・パワー」意識である。カナダ外務省が一九四五年一月に米国、英国、ソ連、中国、フランス暫定政府宛てに送ったメモは、「ダンバートン・オークス提案が正式に提出される以前から、『ミドル・パワー』を効果的に平和達成に関連づける努力がなされるべきだ、というのがカナダの見解であった」と記している。

ダンバートン・オークス提案とは、一九四四年八月から九月にかけて、米国の首都ワシントンのダンバートン・オークス邸（ジョージタウン大学や海軍墓地に近く、現在は博物館）で、米・英・ソ・中の四大国の代表が集い、のちに国際連合となる国際機構の具体案を審議してまとめたもの

カナダのマッケンジー・キング首相は、1943年８月と翌44年９月の２回、ケベック市でアメリカのローズベルト大統領とイギリスのチャーチル首相が第二次世界大戦の戦略を協議する場を設定した。キング首相は英米首脳の間を取り持つという役に徹し、２回とも協議には参加しなかった。第１回会議では、Ｄデー（米英連合軍のノルマンディー上陸作戦）計画、対日戦略、対中支援などが、第２回会議では太平洋戦争における英国艦隊の参加、武器貸与協定の延長、戦後ドイツの分割などが話し合われたという。写真は第１回ケベック会議における、左から、キング首相、ローズベルト大統領、チャーチル首相（写真提供／カナダ政府）

を指す。これこそ、国連の原案であったが、大国が安全保障理事会で拒否権をもつという大国優先の構想に、カナダは納得していなかった。

ちなみに、「ミドル・パワー」という概念は、カナダでは「機能主義（functionalism/functional approach　一三三ページ参照）」と対で使われることが多い。事実、ダンバートン・オークス会議が開かれる前の四四年七月九日、マッケンジー・キング首相は下院で次のように述べていた。

勝利が実現する前に、連合諸国構想（the concept of the united nations. すなわち、国連＝the United Nations 設立構想のこと）は、何らかの国際組織の形に具体化しなければならないときが近づいている。一方で、国際問題に関する権力は超大国だけに集中させてはならない。他方、連合諸国を構成する三〇あるいはそれ以上のすべての主権国に平等に権力を分配することも不可能である。戦争の結果、いくつかの新しい国際機関が設置されるだろう。政府の見解では、こうした機関における効果的な代表権は、超大国に限るべきでもなければ、すべての国に開放すべきでもない。国の大小を問わず、特定の目標に最大の貢献力をもつ国に完全なメンバーになってもらうという機能主義に基づいて、代表権を決定すべきだ。……この原則にしたがえば、解放、復興、再建という大事業に、多くの道が開けるだろう。

さらに八月四日には、「大国は、まさに大きなパワーをもっているゆえに大国と呼ばれる。世界の他の国々も何らかのパワー――すなわち、弱小国のほぼゼロから大国にかなり近い軍事力に至るまで、平和維持のためにそれを行使する能力――をもっている。どの国が安全保障理事会で代表されるかを決定するには、機能主義の考えを適用すべきだと思う」と述べている。同月一一日には、英国の「新秩序」計画を話し合っていた英連邦首相会議について、「合意された安全保障スキーム――それが国際警察の創設であろうと、平和保護のために圧倒的に優勢な権限を常備する方策であろうと――を実施するため、カナダは全面的に応分の役割を果たすことを確約した」と報告した。のちの国連平和維持活動の原型とも言える「国際警察」に触れていることが注目される。

ここでカナダ政府が問題にしているのは、安全保障理事会の非常任理事国の資格である。カナダとしては、非常任理事国には国連の目的に「相当の貢献」ができる国が選ばれるべきであり、その際は公平な地域配分も考慮すべきだ、という立場であった。カナダの念頭にあったのは、自国のほかに、エジプト、インド、メキシコ、ブラジル、ポーランドなどが、こうした「ミドル・パワー」であった。マッケンジー・キング内閣で、カナダ初の専任外務大臣になったルイ・サンローランは、一九四八年四月、「ミドル・パワー」としてのカナダの役割を連邦下院でさらに明確に説明している。

サンローランによれば、小国は小国なるがゆえに安保理の決定や行動から除外され、大国は拒否権によって自らの立場を守ることができる。カナダのような「ミドル・パワー」は、ある程度の経済力や政治的影響力をもつほか、プレスティージ（威信や信望）も高い。したがって、平和のための集団的行動に重要な物質的・道義的貢献ができる……。

前述の「機能主義」の「機能」とは、こうしたものを指す。つまり、超大国ほどでなくても、かなりの経済力、政治的影響力、そして国際的信望を有するカナダは、ミドル・パワーとしての国際貢献ができるはずだ、ということである。カナダは、特に、国連憲章の序文に示された精神に沿って国際平和のために貢献したいという希望をもっていた。カナダにできることは軍事力の行使ではなく、「武力を用いない」で人々の「経済的及び社会的発達を促進する」ことにほかならなかった。カナダ政府の資料を見ると、一九四五年にカナダが国連でいかに「ミドル・パワー」という地位や役割にこだわったか、また国連の経済社会理事会の強化に熱心だったかが理解できる。このミドル・パワー意識が、戦後のヨーロッパ復興やアジア復興、対外援助、平和維持活動などで発揮されたことは、第四章で述べよう。

第二に、全長二〇万二〇八〇キロメートルに及ぶ世界最長の、しかも入り組んだ沿岸線をもつ広大な国土を侵略から守るには、カナダの人口や経済規模には不釣り合いな膨大な国防費、軍隊、軍事施設が必要であろうが、その要求を満たすことは財政的に不可能である（ちなみに、沿岸線の長さで第二位以下は次の通り。インドネシア五万四七一六キロ、ロシア三万七六五三キロ、フィリピン三万六二八九キロ、日本二万九七五一キロ。ノルウェー二万一九二五キロ。いずれも米ＣＩＡの資料による）。

第三に、カナダはかつて米国の軍事侵攻を恐れていたこともあるが、約九〇〇〇キロの国境線を共有しているにもかかわらず、連邦結成の一八六七年以来、平和的に共存してきた。先に述べた一八一七年のラッシュ・バゴット協定（現在も有効、五七ページ参照）により、五大湖は実質的に非軍事化された。両国の軍事力の差は歴然としているものの、米国がカナダにとって軍事的脅威になることは、ほぼあり得ない。カナダが米国の一部になるとしたら、それは両国民の合意によるものだろう。

第四に、カナダは他の国にとって脅威になっておらず、また万一、カナダを侵略する国があったとしても、北米大陸を共有する世界最強の米国が同国への脅威と見て防衛に立ち上がることはほぼ間違いない。カナダへの攻撃は、即、米国への攻撃と見なされるのである。カナダと米国は一九四〇年に両国の防衛問題を協議する常設合同防衛委員会を設置して以来、緊密な軍事同盟関係にあり、現在はＮＡＴＯに加盟しているだけでなく、北米航空宇宙防衛軍によって共同で北米大陸の防衛に当たっている。

それは、核兵器を含む強大な軍備を有する米国への依存、いわゆる安全保障の「ただ乗り」と見ることもできよう。しかし外国から攻撃される危険も国内で暴動が起こる可能性もほとんどないカナダの立場からすれば、大きな軍隊は無用の長物、巨大な軍事費はムダでしかない。現在では、国際平和維持活動以外には、たとえば領海や陸上国境線内への不法入域者や麻薬密売人の取り締まりやテロリストなどからの治安維持などのほかに、軍隊を維持する理由はほとんどない。

米国との「摩擦」の数々

カナダと米国の関係は、もちろん、経済と軍事だけではない。

たとえば人の交流は激しく、毎年延べ一三〇〇万のカナダ人が米国（主としてニューヨーク、フロリダ、首都ワシントン、ミシガン）を訪れ、ほぼ四〇〇〇万のアメリカ人が車、バス、飛行機、船、電車などでカナダへ旅する。目的は、観光、避暑・避寒、商用、会議や集会への出席、ショッピング、友人・知人訪問などだ。互いの国の大学に留学したり、相手国の企業に就職したり、相手国の人と結婚したりする人も多い。宗派を同じくする人々が宗教行事や集会に出席するための往来も絶えない。

しかし、大衆文化の流れはほぼ米国↓カナダと一方的で、たとえばカナダ人が見るテレビ番組のおよそ四割は米国ものだ。報道番組はさすがにカナダ製のシェアが大きいが、ドラマ、コメディ、バラエティ・ショーなどは米国製の番組が多い。カナダ政府は映画やテレビ番組でカナダ人タレントを使う内外の制作会社（プロダクション）を助成するが、たとえばカナダで制作される米国映画の制作費の半分以上は米国で使われるなどの問題が指摘されている（注7）。カナダの書店には米国で出版された本や雑誌があふれ、カナダ関連の出版物はわきに追いやられている。かつて政府は外国書店の参入を拒んでいたが、二〇〇一年にインターネット書店アマゾンの書籍販売が認められ、本の小売業界は一変した。

「カナダ人とアメリカ人は同じ空気を吸い、同じ水を飲み、（したがって）将来の世代に安全でクリーンで健康によい大陸を保証する責任を共有する」と在米カナダ大使館のホームページが述べるように、環境保護も両国共通の関心事だ。カナダと米国の間は、たとえば一九〇九年に国境水域条約を締結して国際（米加）合同委員会を設置したが、それが五大湖や両国にまたがる河川の水質や量を監視し、あるいは合理的な利用を促進する責務を与えられている。

その後、一九一六年には渡り鳥（水鳥）を守る議定書、七二年には五大湖の水質を管理し生態系を守るための協定、七八年には極地トナカイを管理・保護するための協定、九一年と二〇〇〇年には酸性雨と地表オゾンによる空気汚染を減らすための協定、九七年には五大湖への毒性物質放棄を排除するための協定……と、北米大陸の環境や野生生物を保護するための取り決めを次々と結んでいる。

カナダと米国の間には、懸案もある。両国は、一九九四年発効の北米自由貿易協定によってモノ・サービス・投資・知的財産などの相互流通をほぼ自由化したものの、カナダ産のトウヒ、米マツ、米スギ、モミなど軟質木材の対米輸出、カナダ政府の小麦局への助成、雑誌やテレビ番組に関するカナダ政府の規制、あるいは米国政府の農業助成をめぐって、しばしば論争が起こる。

このうち、たとえば軟材（針葉樹）問題は、カナダの木材の大半が国有地や州有地の森林から伐採されるため、カナダの連邦政府や州政府が木材産業に不公平な助成を行っているという米側の指摘にもとづいて、一九九六年にカナダが対米輸出削減に同意することで決着した。しかし二〇〇一年にこの合意が期限切れとなり、翌年四月、米商務省はカナダの木材会社ごとに助成率と反ダンピング税を設定した。その後、北米自由貿易協定のもとに設置された紛争処理委員会が、カナダの林産業が政府助成を受けていることを認める一方で、米国の賦課税が高すぎるとの判断を下した。軟材問題は、世界貿易機関（WTO）に提訴され、二〇〇四年八月には反ダンピング税をWTOの反ダンピング規則に違反するとの判断を下したが、摩擦は二〇〇五年五月の時点でも解決していない。

二〇〇三年五月には、カナダのアルバータで狂牛病（BSE）にかかった牛が発見され、食品検査庁（CFIA）の指導で生肉は市場に出回る前に処分された。米国はカナダからすべての牛肉の輸入を一時的に禁止する措置をとり、アルバータ州では廃業する業者が続出した。米国は牛肉輸入についてはのちに禁止を緩和したが、カナダからの生牛の輸入禁止は継続した。ブッシュ米大統領は二〇〇五年二月、カナダからの牛肉・生牛輸入を再開すると発表したが、その後、改めてアルバータ州でBSE牛が見つかったこともあって、三月初めに米国の裁判所が再開差し止めを決定した。なお、日本は二〇〇三年五月以来、カナダからの牛肉製品の輸入を禁止している。

このほか、米加間には領土をめぐる問題もある。一九六〇年代から漁業権や地下資源開発権をめぐって論争してきた北米西岸のメイン湾における境界の問題は国際司法裁判所に提訴され、一九八四年に解決した。メイン湾内のマチアスカ・シール島、太平洋側の米アラスカ州沿岸とカナダのブリティッシュ・コロンビア州沿岸の間にあるディクソン海峡、天然ガス埋蔵で知られる北極のボーフォート海、カナダのバンクーバー島と米ワシントン州沖の間のジュアン・デ・フカ海峡などの国境問題は、未解決のままだ。

一九六〇年代から八〇年代にかけて、米国が北極海に対するカナダの主権を侵害しているのではないかという議論が起こった。近年は、地球温暖化が進んで氷が溶け、狩猟・漁労に依存した生活を送っているイヌイット住民が米国政府に環境保護規制の強化を訴えている。

九・一一テロ後、強化された米加国境警備

なお、かつて「警護されない世界最長の国境（ザ・ロンゲスト・アンディフェンディド・ボーダー・イン・ザ・ワールド）」と呼ばれて両国の平和共存のシンボルとされてきた米加間の九〇〇〇キロにわたる国境線は、九・一一テロ以降、警備が強化されることになった。このことも、アメリカ人ほどテロリストへの脅威を感じず、米国でテロ対策を理由に強まる人種差別や自由の制限に眉をひそめる多くのカナダ人に、違和感を与えた。

そもそも、九・一一テロの直後、テロリストのうち五人は国境を越えてカナダから潜入してきたのではないか、という疑惑が米国で持ち上がり、一部の政治家が両政府に国境警備の強化を求めた。一九九九年に、カナダのパスポートをもつアルジェリア系の男（アーメド・レッサム）が自動車のトランクにニトログリセリンを積んでブリティッシュ・コロンビア州から米国に持ち込も

うとして米側の関税局に捕まった（のちにロサンゼルス国際空港を爆破する陰謀を企てたとして告発された）例があったからだ。

それまで、検問所に軍事施設や兵隊の姿はなく、パスポートや永住証明書を提示するだけで相互に横断できた。麻薬やたばこや銃器の密輸、犯罪者や不法移民の越境、ゴミ不法越境投棄、酸性雨の流出入といった問題は起きていたが、米加間の国境はヒトとモノの流れをよくするため、規制は最低限にとどめられていた。とりわけ、輸出のほぼ八割を米国に依存するカナダ側にとって、テロ対策を理由に貨物検査の手続き（通関）が複雑になるのは困る。

結局のところ、九・一一テロのテロリストがカナダから潜入した形跡はなかった。しかし、米国ではカナダ側の国境警備の甘さを指摘あるいは懸念する声は続いた。『クリスチャン・サイエンス・モニター』紙は、カナダが「オサマ・ビンラディンのテロ『潜伏細胞』の入口であり活動場所であった」と述べ、『ニューヨーク・タイムズ』紙はカナダのリベラルな難民・移民政策に懸念を示した。

こうした声に対応するため、カナダ政府はただちにカナダをテロの脅威から守るための対テロ法を議会に上程した（二〇〇一年一二月に制定）。テロリストの早期発見・処罰、テロ活動資金源の捕捉などとあわせて、イスラム系住民やユダヤ系住民の人権を保護するため、憲法で保障された基本的自由や権利の保護や（民族的）憎悪をあおる犯罪やプロパガンダに対する取り締まりの強化も約束した。

二〇〇一年度予算には、①情報・捜査要員を増やす、②沿岸警備を強化する、③移民申請者や難民申請者の安全性チェックを強化する、④永住者には偽造が不可能な永住者カードを発行する、⑤国境警備を強化する一方でモノと人の正当な流れを確保する、⑥カナダ空輸安全局を設置する、などの措置を盛り込んだ（注8）。

このうち⑤については、二〇〇一年一二月、米加間でスマート・ボーダー宣言、すなわち国境警備をハイテク装備化する宣言がなされた。相互協力によって安全保障上リスクの高い人やモノとそうでないものを区別し、前者の入域を事前に防止して後者の流れをスムーズにする、というのが目的である。新たに統合国境監視チームや合同関税官チームも編成された。

カナダ版ＣＩＡとも言うべきカナダ安全保障情報局（ＣＳＩＳ）は、難民申請者の指紋や写真をとって彼らの主張が正当かどうか調査した。政府はまた、テロリストと関係あると思われる資金源を凍結し、献金を含むテロ組織との金銭のやりとりを禁じた。

その後、政府は「公的安全法」を上程した。これは、たとえば空港の安全、危険な生物物質や爆発物の規制、原子力プラントや油送管をテロから守ろうとするものであった。政府はそのために国民ＩＤ（背番号）カード制の導入を提案した。

法案は、何らかの抗議運動が発生しそうな場所を軍事保安地域に指定する権限を閣僚に与えるものだとして批判を浴び、連邦議会のプライバシー保護監察官（privacy commissioner）ジョージ・ラドワンスキーも、国民のプライバシー権を侵害するものだと政府を批判した。（法案策定の）動機は治安維持だとしても、警察や公安関係者は通常の生活にまで利用しようとするだろう、というのである（注9）。後任のコミッショナー、ジェニファー・ストダートも、二〇〇四年四月、同法案は個人に関する情報の収集が国民の安全を保障するという考え方に立っているが、プライバシーと人権の侵害があってはならない、と同様の発言を行った。

しかし、法案は上下両院を通過し、二〇〇四年五月に総督の裁可を得て成立した。航空機の乗客リストに関する情報を米国と交換するという法案も、連邦議会を通過した。関税担当大臣によれば、「殺人容疑者やテロ容疑者」はもちろん、カナダへ入国しようとする「幼児虐待者」、「犯罪者」、「麻薬密売人」などの動向を警察などが調べやすくするための法律であった。

また〇四年一〇月には、カナダ運輸省は、二九の空港ですでに導入されている制限地域パス・システムを強化するため、顔・指紋・瞳の虹彩などによって個人を識別する「バイオメトリックス認証」を開始した。

（注1）Jack Granatstein, *Who Killed the Canadian Military?*, reviewed by Laurel Halladay, June. 2004

（注2）Department of National Defence," Backgrounder:Canada-United States Defence Relations"〈http://www.forces.gc.ca/site/Newsroom/view_news_e.asp?id=836〉

（注3）Infocom, "U.S. Military Personnel on Active Duty in Selected Regions/Countries, 2004"

（注4）Department of Defense," Active Duty Military Personnel Strengths by Regional Area and by Country (309A)," September 30, 2000.

（注5）米陸軍省の" Army Regulation 525-16: Military Operations:Temporary Cross-Border Movement of Land Forces Between the United States and Canada," July 5, 1973を参照。

（注6）U.S. Department of Defense," Allied Contributions to the Common Defense in 2001"〈http://www.defenselink.mil/pubs/allied_contrib2001/cs-can.html〉

（注7）在米カナダ大使館のホームページ〈http://www.canadianembassy.org/〉を参照

（注8）カナダ人とアメリカ人が相手国を訪問する際、法的にはパスポートを必要としないが、九・一一テロ以降、両国の政府当局は身分証明用にパスポートを携帯するよう勧告している。

（注9）Office of the Privacy Commissioner of Canada のホームページ〈http://www.privcom.gc.ca〉を参照

第四章　カナダの多国間協調主義

米国追随か、多国間協調か

カナダの場合、すでに見てきたように、大陸を共有し、海域や空域もつながっている米国とは、貿易や投資はもちろん、防衛、文化、国境をはさむ地域の環境保全、人々の往来……と、きわめて密接な関係にある。これらの分野に関して言えば、カナダはほぼ米国と一体化している、と見てよい。つまり、「北米大陸」の経済や軍事や文化や国境に関しては、カナダは米国ときわめて強固なバイラテラル（二国間関係）の状態にある。

しかし、一方では、イラク戦争への不参加が示すように、あえて隣国の意向を無視してまで、国連などの国際組織を通じた多国間協調主義（マルチラテラリズム）を目指してきた。

ハーバード大学のロバート・ケオハネ教授はマルチラテラリズムを「国家政策を三つまたはそれ以上の国で構成するグループで調整する方法」、同大学のジョン・ラギー教授は「一定の原則にしたがって三つまたはそれ以上の国の間で関係を調整すること」と定義した。国際基督教大学の最上敏樹教授によれば、「多国間主義」（本書では「多国間協調主義」を使う）の「原理」は、「法治主義、つまり、最低限の国際法上のルールは守るという点」、「共同行動主義、つまり国際社会の問題は単独ではなく共同で決定し共同で行動するという原則」、「ある種の平和主義……国々の恣意的な武力行使は避けるということ」の三つである（注1）。

カナダは、まさに、ケオハネ教授らが協調する国際間の「調整」や、最上教授がいう法治主義、共同行動主義、平和主義の三原則を尊重する外交を進めてきた。

一方、米国は二国間関係を重視し、また包括的核実験禁止条約（ＣＴＢＴ）に反対するほか地球温暖化防止のための京都議定書から離脱し、対人地雷全面禁止条約や国際刑事裁判所に加わらず、イラク戦争では報復戦争を行ったブッシュ政権は単独行動主義（ユニラテラリズム）を選んだと言われた。このような米国と緊密な関係にあるカナダが、なぜ多国間協調外交をとっているのか、本章ではこれについて論じたい。

米国に反旗をひるがえした過去

実は、カナダが米国に反旗をひるがえす、あるいは米国と別行動をとるのは、今回が初めてではない。

▨核ミサイルを拒否

たとえば、カナダのディフェンベーカー政権（一九五六～六三）は、米国のケネディ政権（一九六一～六三）とアメリカ大陸の防衛をめぐって衝突した。ディフェンベーカー政権は、北米防空協定（ＮＯＲＡＤ）にもとづいて、一九五八年、地対空ボマークＢミサイル（別名ＩＭ—99Ｂ）をオンタリオ州のノースベイ空軍基地とケベック州のマカザ空軍基地に設置することで米国と同意した。

このミサイルは飛距離およそ七〇〇キロ（東京から鹿児島までの直線距離とほぼ同じ）もあり、ソ連から爆撃機が飛んできた場合、ＮＯＲＡＤの指揮により、それを空中で迎撃しようというものであった。二年後、これが核弾頭（Ｗ―40）を搭載するミサイルだということが明らかにされ、カナダが核装備すべきかどうかが問題になった。核兵器の道義性と防衛効果（ソ連の爆撃を迎撃できても、核弾頭はカナダ地上に落下する）が問われたのである。

ディフェンベーカー首相
（写真提供／カナダ大使館）

ディフェンベーカー政権は、世論の後押しを受けて、核弾頭ではなく通常弾頭を搭載することを決定した。

ディフェンベーカー政権はまた、米国の意向に逆らって、共産政権下のキューバとの貿易を打ち切らず、米国主導の米州機構（ＯＡＳ＝Organization of American States。米国とラテン・アメリカ諸国の地域的協力機関）に加盟せず、米国と対立していた中国に小麦を輸出し、ヨーロッパにおける核実験禁止条約を支持した。

ケネディ大統領はホワイトハウス内でディフェンベーカーを〝prick〟(退屈な男)と呼び、ディフェンベーカーはケネディを〝boastful sonofabitch〟(鼻持ちならない最低野郎)と呼んで、互いに嫌っていたという。

「キューバ危機」で反米的対応

一九六二年秋には、米ソ対立のなかで、あわや第三次世界大戦勃発かといういわゆるキューバ危機が起こった。ケネディ大統領は北米大陸防衛協定(NORAD)を結んでいるカナダに対しても、米国と同じ警戒態勢「デフコン3」を発令するよう、カナダ政府に要請した(注2)。

しかし、ディフェンベーカー首相は閣内の結論が出るまで二日間も態度を保留した。それどころか、キューバのミサイル基地に関するカナダ独自の調査をも示唆した。NORADで義務づけられている事前の協議がなく、米国からの通知が三〇分も遅れただけではない。ディフェンベーカー首相がソ連を刺激するのを恐れ、米国のキューバ政策に疑問を抱いていたこともあった。外交主権を維持し、危機についてはあえて米国と異なっても冷静に対応したいという思いもあった。内閣は意見が分かれていた。しかしハークネス国防大臣は(自国の首相ではなく、外国の大統領の意向に沿って)すでにカナダ軍にデフコン3態勢をとるよう指令しており、内閣は結局、その指令を追認した。

これら二つの出来事は米加関係の悪化を招いた。有権者の間でもディフェンベーカーよりケネディの人気が高く、政府の「反米的対応」は不評だった。その結果、六二年の総選挙では、ピアソン党首のもとでその改善を訴える野党・自由党に苦戦を強いられた。その裏には在加米国大使館によるカナダのマスメディアへのさまざまな工作と、ケネディ大統領の選挙参謀によるピアソンへの支援があったといわれる。

選挙で保守党が獲得したのは、全二六五議席の過半数を大きく割る一一六議席に過ぎなかった。最大議席ではあったが、自由党（九九議席）がそれに近い新民主党（一九議席）と提携すれば、容易に覆せる勢力である。残りは社会信用党（三〇議席）と無所属（一議席）が握っていた。少数党政権となったディフェンベーカー内閣は、六三年に再び国民の信を問う総選挙を実施するが、今度は米国の退役空軍大将がオタワで記者会見を開き、ディフェンベーカーの非核政策を非難した。そしてピアソンも、その直後、党内の反対意見を抑えて記者会見で非核政策の放棄を発表し、首相になればボマーク・ミサイルの核弾頭を受け入れることを表明した。

米国の内政干渉はそれだけにとどまらなかった。米国務省はピアソンの見解を支持し、ディフェンベーカーの核政策を批判する新聞発表を行ったのである。これを契機に、ディフェンベーカー内閣は分裂し、首相は駐米カナダ大使を召還し、ピアソンが内閣不信任案を出す騒ぎになった。

国連総会議場で国連緊急軍について話し合うピアソン外相（左）とハマーショルド国連事務総長（写真提供／国連）

結局、ディフェンベーカー内閣はつぶれ、総選挙でも敗北を喫したのである。こうして、のちに国連平和維持活動への貢献によりノーベル平和賞を受けることになるピアソン首相の自由党政権は核弾頭を受け入れた。

ベトナム戦争を批判

ピアソン首相（一九六三〜六八）は、ベトナム戦争における米国の北ベトナム爆撃（北爆）に反対し、そのことをカナダ国内だけでなく米国の大学での講演でも明言した。それに怒ったジョンソン大統領（一九六三〜六九）は、一九六五年にキャンプ・デービッド（首都ワシントン郊外にある大統領専用の別荘）でピアソン首相と会談したさい、首相を一時間もなじったあと、その胸ぐらをつかまえて、「よくも俺のカーペットに小便をしてくれたな」と毒づいたという（注3）。

ただし、カナダは米国のベトナム戦争を支援しなかったわけではない。ベトナム戦争にはカナダ企業が（もちろん政府の許可を得て）一二五億ドル分の武器・弾薬を供給して特需によるベトナム景気にわいた。米軍が枯れ葉作戦で投下し、多くの奇形児を生んだ枯葉剤も、カナダで製造されたものだった。戦争にはおよそ一万人のカナダ人が志願して参戦した。

▨トルドー首相の離米路線

ピアソンの後を継いだ同じ自由党のトルドー首相（一九六八〜七九、八〇〜八四）は、一九七一年までに国内とＮＡＴＯ駐留カナダ軍のボマーク・ミサイルと核弾頭をすべて撤去した。七三年一月にはカナダ下院も米国の北ベトナム爆撃を批判する決議を行っている。トルドー首相は、また、「第三の選択」、カナディアン・アイデンティティの追求、外資規制策、エネルギーのカナダ化政策など、カナダの米国離れを進めたことで知られる。

「第三の選択」とは、米国の「ブランチ・プラント」（分工場・子会社）と呼ばれるほど米国資本や米国政府の対外経済政策の影響が強まり、米国の植民地とさえ言われるようになったカナダの進路について、①現状通り、②対米関係のさらなる強化、③他の地域との関係強化、の三つの選択肢のうち、三番目の道をとるべきだとする考えである。

その具体策として、カナダはＥＣ（ヨーロッパ共同体、現ＥＵの前身）および日本を中心とするアジアとの経済関係の強化を図った。カナディアン・アイデンティティを築くため、トルドー政権は米国から流入する雑誌やテレビ電波を規制しつつ、カナダ文化の保護・育成策を強化した。連邦政府機関を英仏バイリンガル化し、多文化主義政策を導入したのも、カナディアン・アイデンティティ推進の一環であった。

米国にさきがけて中国を承認し、米国が敵視したキューバのカストロと親交を結び、米国のレーガン政権の強硬な対ソ敵視政策と軍備増強に対して、核軍縮と冷戦終結を呼びかけたのも、トルドー首相であった。

トルドー首相はさらに、外国資本がカナダ企業を取得しようとする場合にカナダの国益に合致するかどうかをチェックするという外資審査法を採択したほか、カナダ石油公社を設立して石油・天然ガスの「カナダ（国内資本）化」を図った。カナダでは米国資本の影響力があまりに強く、主要企業を米国本社が牛耳っていたため、トルドー首相は何とか経済の自立化を図ろうとしたのである。

トルドー首相の政策は米国資本や米国政府の反感を招き、国内の一部でも、（当時の）石油ショックなどの影響による世界的不況のなかで起きていたカナダの不景気は、トルドーの政策のせいだと言われた。トルドーのナショナリスティックな政策は結局効を奏しなかった。

後任の保守党政権のマルルーニー首相（一九八四〜九三）は、親米路線にカジを切り、外資審査から外資歓迎へ転じたほか、野党時代は反対していた米加貿易協定（のちにメキシコを加えた北米自由貿易協定）を締結した。その結果、カナダの対米一体化はさらに進展した。

▨クレティエンとブッシュの冷たい関係

クレティエン政権時代（一九九三〜二〇〇三）には、アクスワージー外務大臣が中心となって、対人地雷全面禁止条約を成功させた。条約は対人地雷の開発、生産、取得、保有、使用などを全面禁止し、保有国には四年以内に全面廃棄し、一〇年以内に埋設地雷を撤去することを義務づけた。クリントン米大統領（一九九三〜二〇〇一）は、地雷に代わる軍事的解決案が見つかれば、二〇〇六年までに米国も調印すると述べたが、ブッシュ政権（二〇〇一〜）になって、調印への動きはない。

テロリストなどへの拡散が懸念されているにもかかわらず、米国は市民の武器保有権を保障しているといわれる合衆国憲法修正第二条を理由に、小火器（ＡＫ47＝カラシニコフ自動小銃などの小型兵器）の所有制限に反対し、ロシアとの間の弾道弾迎撃ミサイル制限条約（ＡＢＭ条約）を破棄し、包括的核実験禁止条約（ＣＴＢＴ）に反対し、生物兵器禁止条約（ＢＷＣ）の新議定書に反対し、地球温暖化防止のための京都議定書からの離脱を決め、国際刑事裁判所（ＩＣＣ）設立条約＝ローマ規程への署名を撤回した。いずれについても、カナダはまったく逆の政策をとっており、とりわけ米国が強く加盟拒否した国際刑事裁判所の設置では先導役をつとめた。

クレティエン首相は、クリントン大統領とは一緒にゴルフをする仲であったが、ブッシュ大統領とはまったくそりが合わなかった。クレティエン首相はブッシュ大統領を「カウボーイ」と呼び、大統領は首相を「ディーノ」（ダイノソーすなわち古世代の恐竜）と称していたという。

九・一一テロのあと、カナダ国民はテロリストへの怒りを込めて犠牲者への追悼式を行い、政府もテロとの戦いを支援すると発表した。

一方、ブッシュ大統領は対テロ戦争を宣告した九月二〇日、バッキンガム宮殿（英国）、パリ（フランス）、ブランデンブルク（ドイツ）、ソウル（韓国）、カイロ（エジプト）、オーストラリア、アフリカ、ラテン・アメリカなどに感謝の意を、またアメリカ人とともに死亡したパキスタン、イスラエル、インド、エルサルバドル、イラン、メキシコ、日本、英国の市民に哀悼の意を表した。

しかし、九・一一テロの犠牲者を追悼し、自らも死傷者を出し、多くの航空機乗客を救援し、テロとの共闘を約束したカナダには、一言の言及もなかった。

多国間協調主義の誕生

マルチラテラリズムは、第一次世界大戦の反省から生まれた概念で、国際連盟の結成やパリ不戦条約（一九二八年当締結、指導的役割を果たした米国のケロッグ国務長官とフランスのブリアン外相の名前をとって「ケロッグ・ブリアン条約」とも呼ぶ）にその特徴を見ることができる。カナダの外交政策は、こうした規約や条約、そして国連憲章の精神と相通じるところが多い。

国際連盟は、第一次世界大戦への反省から生まれた国際平和機構（米国大統領ウィルソンの提唱で設立されたが、米国自身は議会の反対で加盟しなかった。共産政権のソ連は除外された。日本、フランス、英国、イタリアの四カ国が常任理事国）で、その規約（一九一九年）は次のように不戦と平和協力の原則を述べていた（筆者注・一部は現代文に書き換えた）。

締約国は

戦争に訴えないという義務を受諾し、

各国間における公明正大なる関係を規律し、

各国政府間の行為を律する現実の基準として国際法の原則を確立し、

組織ある人民の相互の交渉において正義を保持し、かつ厳に一切の条約上の義務を尊重し、

もって国際協力を促進し、かつ各国間の平和安寧を完成せんがため、

ここに国際連盟規約を協定す。

またドイツ、米国、グレートブリテン・アイルランド連合王国、トルコ、フランス、カナダ、オーストラリア、ニュージーランド、日本などが調印したパリ不戦条約は、次のように定めている。（筆者注・読みやすいように、一部変更した）

人類の福祉を増進すべきその厳粛なる責務を深く感銘し、

その人民間に現存する平和および友好の関係を永久ならしめんがため、国家の政策の手段としての戦争を率直に放棄すべき時期の到来せることを確信し、

その相互関係における一切の変更は平和的手段によってのみこれを求むべく、また平和的にして秩序ある手続の結果たるべきこと、および今後戦争に訴へて国家の利益を増進せんとする署名国は、本条約の供与する利益を拒否せられるべきものとなることを確信し、

その範例に促され世界の他の一切の国がこの人道的努力に参加し、かつ本条約の実施後すみやかに加入することによってその人民をして本条約の規定する恩沢に浴せしめ、もって国家の政策の手段としての戦争の共同放棄に世界の文明諸国を結び合せんことを希望し、……

第一条　締約国は国際紛争解決の為戦争に訴えることを非とし、かつ其の相互関係において国家の政策の手段としての戦争を放棄することを其の各自の人民の名において厳粛に宣言する。

第二条 締約国は、相互間に起こる一切の紛争や紛議はその性質または起因の如何を問はず、平和的手段による以外にその処理又は解決を求めないことを約す。

日本国憲法の序文や第九条を想起させるパリ不戦条約は、結局、一九三九年の第二次世界大戦勃発によって無と帰したが、マルチラテラルな方法で平和を追求するという考えは変わらず、国際連合に引き継がれた。国連憲章の序文を引用する。

われら連合国の人民は、

われらの一生のうちに二度まで言語に絶する悲哀を人類に与えた戦争の惨害から将来の世代を救い、

基本的人権と人間の尊厳及び価値と男女及び大小各国の同権とに関する信念をあらためて確認し、

正義と条約その他の国際法の源泉から生ずる義務の尊重とを維持することができる条件を確立し、

いっそう大きな自由の中で社会的進歩と生活水準の向上とを促進すること

並びに、このために、

寛容を実行し、かつ、善良な隣人として互いに平和に生活し、

国際の平和及び安全を維持するためにわれらの力を合わせ、

共同の利益の場合を除く外は武力を用いないことを原則の受諾と方法の設定によって確保し、

すべての人民の経済的及び社会的発達を促進するために国際機構を用いることを決意して、

これらの目的を達成するために、われらの努力を結集することに決定した。

このように、国連憲章も、戦争の悲劇を繰り返さないために、各国が共同で基本的人権や、各国同権（主権）の擁護、国際法の遵守、社会的進歩への努力、寛容、武力不行使の原則、人々の経済的・社会的発展に努力することを誓ったものであった。

こうしたものこそ、カナダがその外交政策の基軸に据えた概念であった。戦争の惨劇を体験してきた世界各国が、再三にわたってこのような反戦への誓いをしたにもかかわらず、時間の経過とともにこうした誓いが忘れられ、あるいは「理想論」と嘲笑され、軍備増強や戦争を正当化する「現実論」が唱えられる。その意味で、多国間協調主義にこだわるカナダのような国は、国際平和のためにきわめて貴重な存在と言えよう。

カナダの国際協調主義の歴史

カナダのマルチラテラリズムの歴史については、拙著『国連平和維持活動――ミドルパワー・カナダの国際貢献』（彩流社、一九九四）で論じた。馬場伸也編『ミドルパワーの外交』（日本評論社、一九八九）や櫻田大造『カナダ外交政策論の研究』（彩流社、一九九九）などにも詳しい。

カナダが連邦国家として成立したのは一八六七年、英国から外交権を獲得したのは一九二六年の「バルフォア報告」による（翌二七年には米国と、二八年には日本と公使を交換した。英国議会は三一年に同報告を「ウェストミンスター憲章」として法令化した）。英国からの実質的な独立を達成したのは第二次世界大戦中である。

そして早くも一九四三年の連邦結成記念日（七月一日）には、マッケンジー・キング首相が「今度の戦争の過程で、カナダは（単なる）国家としての地位から世界国家（world power）へと一般に認識される地位へと浮上した」と述べ、第三章で紹介したように、七月にはカナダも終戦後の「解放、再建、復興という大事業」に、とりわけその経済力を生かせるようにという「機能主義」（一三三ページ参照）の採用を訴えている。植民地状態から抜け出したばかりの小国だったカナダが戦争勝利への軍事的・経済的貢献を果たして「ミドル・パワー」を自認し、英米の国際連合構想を前に、戦後の国際的役割を主張したのである。

のちに外務大臣から首相になったレスター・ピアソンの言葉を借りると、戦争によって多くの国は破壊され、あるいは弱体化したが、カナダは経済的に強化され、国家統一も強まった。それがカナダの国際的役割を可能にした (Lester B. Pearson, *Mike: The Memories of the Right Honourable Lester B. Pearson*)。カナダ自身にとっても、「主権」は必ずしも保障されたものではなかった。

そこで、「国際平和を維持・強化するため、参加型国際主義（participatory internationalism）がカナダの国策の主たる目標となった」という。

それは、「『どういうカナダになって欲しいか』だけでなく、『どういう世界になって欲しいか』を常に自問する国」であった。カナダがいち早く国連総会や安保理だけでなく、経済社会理事会、国連救済復興機関、国連食糧農業機関、国際通貨基金、原子力委員会、国際司法裁判所などで重要な役割を果たすようになったのは、言うまでもない。

カナダが国連中心外交を貫いてきたことは、カナダ外務省の「カナダと国連」と題するサイト（注4）にもはっきりと書かれている。カナダの多国間協調主義の根本理念を見るために、ちょっと長いが、そのまま紹介しよう。

カナダは一九四五年にサンフランシスコで国連が創設された際に、その憲章の草案作成に主要な役割を演じて以来、積極的で熱心なメンバーであった。何人かのカナダ人は国連内で重要な役割を果たしてきたし、国連の偉大な成果の多くにカナダの声が反映されている。

たとえば五〇年前、ジョン・ハンフリーは世界人権宣言の主要な草案作成者であったし、レスター・ピアソンは平和維持活動の概念を創出して一九五六年のスエズ危機を打開するために努力した功績によりノーベル平和賞を受賞し、モーリス・ストロングは一九七二年の国連人間環境会議（ストックホルム）と一九九二年の国連環境と開発会議（リオデジャネイロ）

の議長を、さらに国連環境計画の初代事務局長をつとめた。一九五二〜五三年にはレスター・ピアソンが国連総会の議長をつとめ、一九九八年一月にはルイーズ・フレシェットが初代国連副事務総長に任命された。

国連の基本目標とその基調となる他の原則は、一九四五年以来、カナダの外交・防衛政策を導いてきた。過去半世紀間、カナダは平和と安全保障、開発援助、人権、社会的・経済的・環境的問題といった国連活動のあらゆる分野で重要かつ建設的・持続的な貢献をしてきた。国連はルールを基礎とする国際システムの要石《かなめいし》であり、われわれはこの貴重な議論の場を通じて世界問題に影響を与え、安定したグローバルな枠組みのなかでわが国の安全と主権を守ろうとし、貿易・経済利益を促進し、公正、平等な機会、人権尊重といったカナダ的価値を推進しようとしてきた。

人権と正義の促進、環境悪化の防止、貧困の軽減、グローバルな開発と人間の安全保障の促進——こうしたことは、多国間の協議と交渉を通じてのみ可能である。国連こそは、唯一の地球規模のフォーラムなのだ。したがって、国連への支持がカナダ社会に深く根を下ろしているのは、驚くに値しない。

カナダの国際協調主義は、「人権と正義の促進、環境悪化の防止、貧困の軽減、グローバルな開発と人的安全保障の促進」を「多国間の協議と交渉」を通じて行うという国連中心主義に色濃く現れている。近年の例としては、対人地雷全面禁止条約や国際刑事裁判所の実現に向けたカナダの努力を挙げることができよう。

自国の防衛より国際平和

カナダの多国間協調主義の例を、カナダが「ナショナル・ヘリテージ（伝統や遺産）の重要な一部で、われわれの基本的な信念の反映」（外務省ホームページ）と呼ぶ平和維持活動で見てみよう。国際平和活動への意欲は、マッケンジー・キング首相がすでに一九四四年八月に「国際警察」に触れ（一三二ページ参照）、また翌四五年九月（すなわち国際連合発足の一カ月前）、連邦下院で述べた次の言葉に表明されている。

> 平和創造（peace-making）の作業は、明らかに困難で長期化するだろう。課題は、われわれが知っていた戦前の世界を取り戻すことではない。その世界はもはやない。集団的な課題は、平和、幸福、人々の安寧につながる道に沿って新しい世界を歩ませることだ。世界の諸国民が自信と協力を通じて協力できる道を見つけることだ。
>
> 議員諸君は、ロンドンにおける外務大臣会議で、英国とは別にした英連邦諸国の参加問題が何度か議論されたことを知っているだろう。外務大臣団の会議にカナダが興味をもっているのは、国境線の決定のような具体的な問題についての協議ではなく、未決定の諸問題の平

和的解決と国際安全保障組織の確立のための取り組みにある。

しかし世界は、米ソをリーダーとする東西冷戦に突入し、再び混沌に陥った。アジア、中東、ヨーロッパ、中南米、アフリカで動乱が続き、第三次世界大戦の勃発さえ取りざたされた。

そして一九五六年、エジプトのナセル大統領がスエズ運河の国有化を宣言し、まずアラブ諸国と対立していたイスラエルが、続いて一八六九年以来運河を運営していたイギリスとフランスが運河地帯に出兵、スエズ動乱が勃発した。カナダにとって英国はかつての母国であったが、政府は大英帝国時代の植民地主義を引きずる英国の行動を認めることはできなかった。

そこでサンローラン自由党政権のピアソン外相は、国連が非戦闘当事国の将兵で構成する軍隊を派遣して、敵対する部隊を引き離し、敵対行為の休止を確保・監視する、という案を国連総会に提出し、ハマーショルド国連事務総長や米国などの支持を得て、それを実現させた。国連は、それまでもインドとパキスタンの間のカシミール国境紛争、アラブ・イスラエル国境紛争などに非武装休戦監視団を派遣していたが、このときスエズ運河一帯の緊張を沈静化し、「侵略軍」を撤退させるためにただちに編成されて派遣されたこの国連緊急軍（ＵＮＥＦ）が、国連史上初めての平和維持軍となった。司令官にはカナダのバーンズ将軍が任命された。

英仏は国連の休戦決議を無視して、運河地帯に空挺部隊を送り込んだが、米国を中心とする国際的な圧力によって、休戦を受け入れて撤兵し、動乱は収まった。この動乱でスエズ運河は半年近く閉鎖されたが、エジプトはようやく運河に対する主権を回復した。

皮肉なことに、エジプトはいまだ英国風の部隊名や軍旗をもつカナダ軍の参加を断り（のちにカナダは実戦部隊ではなく、後方支援部隊を派遣した）、カナダ国内では親英感情を抱く国民の不興を買って自由党は五七年の総選挙で敗北を喫した。しかし、ピアソンには、平和維持活動への功績が認められて、カナダ人としては初めてノーベル平和賞が授けられた。

ピアソンとともに国連平和維持活動はカナダの誇りとなった。そして、カナダは、一九九〇年代初期まで、世界各地で展開されたほとんどすべての国連平和維持活動に参加した。スエズ（第一次危機）、コンゴ、キプロス、スエズ（第二次危機）、レバノン、ナミビア、そして九〇年代に入ってから、バルカン半島、カンボジア、ソマリア、モザンビーク、ハイチ……と多くの地域に、延べ一〇万人もの要員を派遣した。平和維持活動によるカナダの死者は、二〇〇四年までに一一〇人（世界最多）に達した。

なお、日本が参加した一九九〇年代初めのカンボジアにおける平和維持活動では、カナダは河川や沿岸のパトロール、兵士の武装解除、地雷撤去、対立グループ間の和平といった役割を果たした。アジア地域との貿易拡大も、カナダの参加理由のひとつであったと言われている。

国連平和維持活動に対するカナダ政府の考え方は、一九九四年の外務大臣演説によく示されている。それによると、カナダが国連平和維持活動に参加するための指針（九四年以来、変更はない）

カナダの平和維持活動（2005年5月現在）

□内は作戦名

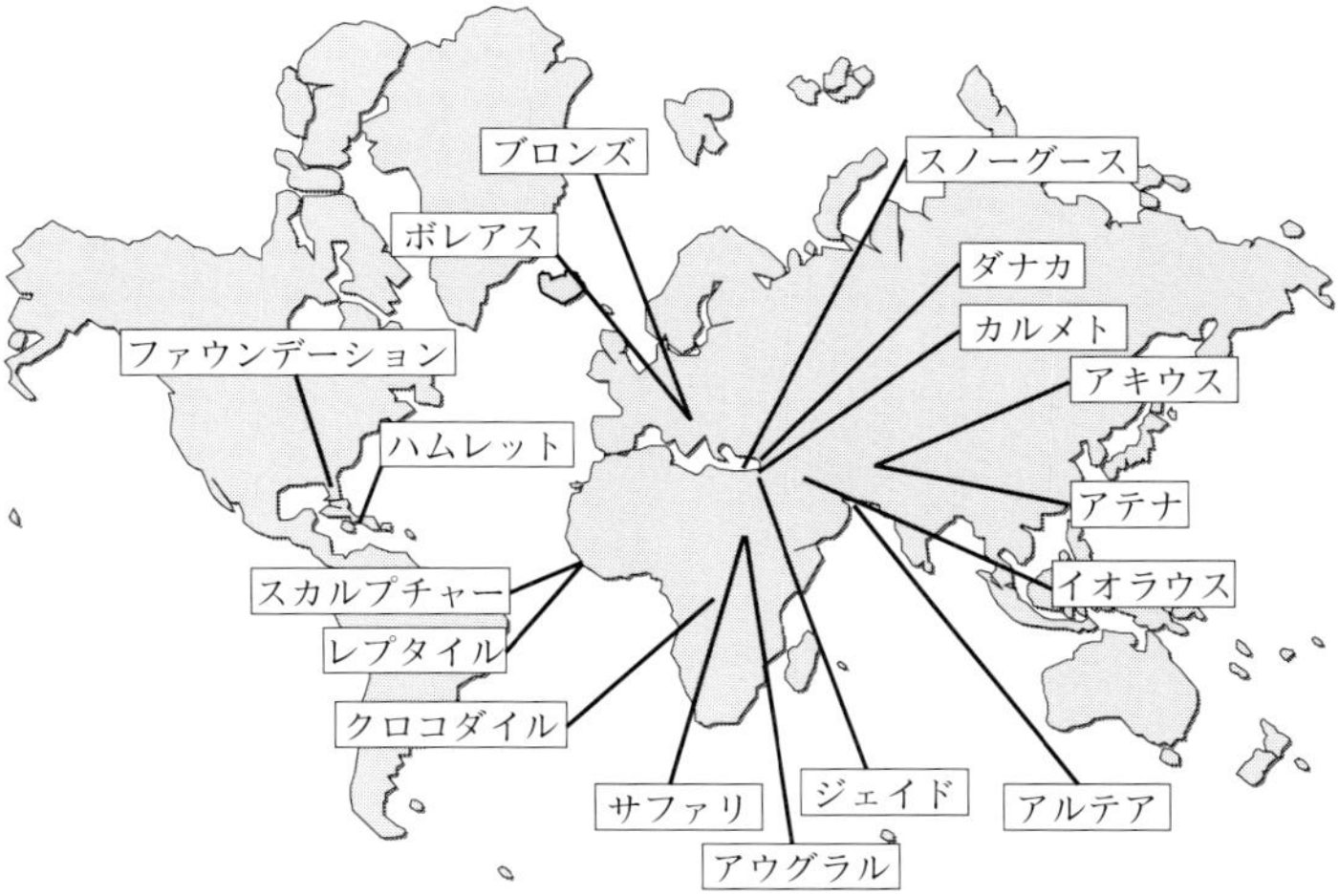

スノーグース作戦：国連キプロス維持隊（キプロス，１人）／ダナカ作戦：国連兵力引き離し監視隊（ゴラン・ハイツ，191人）／カルメト作戦：シナイ半島多国籍軍監視団（シナイ半島，28人）／アキウス作戦：国連支援活動（アフガニスタン，１人）／アテナ作戦：国際安全保障支援軍（アフガニスタン，949人）／イオラウス作戦：国連本部事務所の開設準備（イラク南部，１人）／アルテア作戦：米「不朽の自由」作戦（アラビア・ペルシア湾，225人）／ジェイド作戦：国連休戦監視機構（エルサレム，８人）／アウグラル作戦：アフリカ共同体（西スーダン，２人）／サファリ作戦・国連スーダン使節団（スーダン，６人）／クロコダイル作戦：国連コンゴ民主共和国使節団（コンゴ民主共和国，８人）／レプタイル作戦：国連シエラレオネ使節団（シエラレオネ，３人）／スカルプチャー作戦：国際軍事支援訓練チーム（シエラレオネ，８人）／ハムレット作戦：国連安定化使節団本部（ハイチ，２人）／ファウンデーション作戦：アフリカ・中東一帯を管轄する米中央軍司令部との連絡（米国フロリダ州タンパ，７人）／ボレアス作戦：ＥＵ軍（ボスニア・ヘルツェゴビナ，73人）／ブロンズ作戦：ＮＡＴＯ安定化軍（ボスニア・ヘルツェゴビナ，10人）

出典／カナダ国防省

は、以下の通りである。

一　安全保障理事会のような適切な政治機関から明確に授権されること。

二　紛争当事者は休戦を尊重し、カナダ軍の駐留を受け入れること。

三　平和維持活動は政治的解決の達成に向けたプロセスを補強しなければならない。

四　平和維持活動の軍隊規模および国際的構成は、授権された使命に適したものであること。

五　活動は資金的に十分手当てされ、満足すべき兵站上の仕組みを有すべきこと。

カナダはほぼこの指針にしたがって、対峙する兵力の引き離し、休戦監視、投票監視、警備、平和強制……と多岐にわたり、できるだけ中立的な立場で、また紛争に巻き込まれないように、さまざまな活動に参加してきた。

カナダはまた、一九九四年にノバ・スコシア州にレスター・B・ピアソン平和維持活動センターと平和支援訓練センターを創設し、これまで積み上げてきたそのノウハウを活かして国内外の要員の指導・訓練にあたっている。

さらに、カナダは一九九五年には国連総会五〇周年に際して『国連の緊急対応能力へ向けて（Towards a Rapid Reaction Capability）』という研究報告書を提出し、それに基づいて「緊急展開ミッション本部」と先遣隊の設置を提案した。国連が、紛争地帯で必要とされる民間人と軍人のチームを急きょ派遣できるようにする、というのがカナダの構想であった。

先遣隊構想は、一九九八年、緊急即応待機旅団（SHIRBRIG）の設置につながった。これはあらかじめ国連待機取り決めに加わっている国々がそれぞれの待機部隊を国連に提供し、現地状況が悪化する前に国連のもとで紛争の調停などの平和維持・平和構築活動を行う多国籍軍である。これまでオーストリア、カナダ、デンマークなど一六カ国が正式加盟し、チリやハンガリーなど五カ国がオブザーバーとなっている。一九九九年に発足して以来、ＳＨＩＲＢＲＩＧはエチオピア・エリトリア国境、コートジボアール、リベリアなどで活動してきた。

ただし、冷戦後、紛争が国家間のもの（比較的に休戦協定が成立しやすく、平和維持活動の承認を与える政府主体も存在する）から混沌とした内戦によるもの（紛争地域や平和維持活動に関する交渉相手がはっきりしない）へと変化し、その数も増え、カナダの小規模な軍隊で、しかも上記の指針にしたがって対応することが困難となった。ルワンダやボスニア・ヘルツェゴビナで虐殺事件を防止できなかったこと、ソマリアでカナダの平和維持軍兵士による殺人・虐待事件が発生したこと（一九九

カナダ人が考えるカナダ軍の役割

役　割	支持回答数
平和維持・平和	54
カナダ（主権）の保護	30
国内外の災害救助	14
他の国々・世界の救援・対外援助	10
国民を守る	8
保護・防衛	5
国内緊急事態・危機への対応	4
他の諸国・同盟諸国・米国への支援	4
困った人々の救援	3
緊急救出・探索	2

出典／カナダ国防省

三年）も、カナダ政府に平和維持活動への見直しを迫ることになった。「人道介入」の名における武力行使を正当化できるかの議論もある。

しかし、国連平和維持活動が、カナダの大きな誇りであることには変わりない。前ページの表は、カナダ国防省が世論調査（一九九九年）で「あなたの考えるカナダ軍の役割は何ですか」という問いに対する回答である。多くの回答例から三つを選んでもらったところ、第一位は「平和維持・平和創造」であった。「平和維持活動」が自国の防衛より上位の任務として位置づけられているのである。

また国防省のウェブサイト（二〇〇五年三月）は、同省およびカナダ軍の目的として、カナダの防衛、カナダの利益と価値の防衛、国際平和・安全保障への貢献を挙げ、ちなみに、最後の国際平和・安全保障への貢献については以下の三点を列記している。

①国連、NATO、および志を共有する諸国の同盟を通じて多国籍軍活動に参加する。
②人道救援活動を支援し、紛争で破壊された地域の復興を助ける。
③軍備管理などの信頼醸成策に参加する。

国防省は、一九九四年の国防白書で、「カナダ人は本質的に国際主義者であり、孤立主義者ではない。われわれは海外における誇りある活動の伝統を維持している。われわれは、レスター・B・ピアソンのノーベル平和賞を誇りとしている。あの偉大なカナダ人の栄誉のためだけではなく、われわれのますます深まる国際的人格の反映だからだ」と述べている。平和維持活動に対するカナダ政府の姿勢は、基本的には、現在も変わっていないようだ。

国防省によると、二〇〇五年二月現在、一六〇〇人余のカナダ兵が海外の平和維持活動に参加しており、また毎日、展開可能なカナダ軍将兵の三分の一に当たるおよそ八〇〇〇人が海外活動のために準備しているか、それに参加しているか、任務を終えて帰国中だという。

国連平和維持活動は、カナダの国際的イメージを高める上でも重要だ。外務省ホームページ（二〇〇四年）には、こう書かれている。

カナダは、世界の平和と安全保障への力強い、創造力に富む貢献をするという確立した平和維持活動の伝統の上に成り立っている。平和維持活動はまた、カナダの外交政策の重要な一部であり、マルチラテラルな安全保障システムへのわが国の貢献である。平和維持活動における五〇年もの経験と、国連安保理から信託された平和維持ミッションの大半に参加したことが、カナダの国際的評価を確立した。

対人地雷全面禁止条約を実現させたオタワ・プロセス

カナダの国際協調主義の近年の例としては、対人地雷全面禁止条約を達成させたいわゆるオタワ・プロセスや国際刑事裁判所設立への熱意を挙げることができよう。

オタワ・プロセスは、カンボジアなどで地雷被害の悲惨さを目にした非政府機関（NGO）の動きから始まった。対人地雷（APL）は、その名のとおり、たとえば戦車などではなく、七キログラム以上のもの、すなわち兵士や子どもを含む一般民間人が上を通るだけで起爆する地雷である。国家間の紛争では一九八三年に使用が禁止されたものの、それは国内紛争（内戦）には適用されず、世界各地で子どもを含む多くの死者・負傷者が出ていた。対人地雷問題の発端からオタワ・プロセスに至る経過については、足立研幾『オタワプロセス――対人地雷禁止レジームの形成』（有信堂）に詳しいので、そちらを読んでいただくことにして、ここではカナダの対応にしぼって見てみよう。

足立によると、カナダ政府が対人地雷問題について国際的な主導権を発揮し始めたのは、一九九六年に国連の特定通常兵器使用禁止制限条約（CCW）再検討会議が対人地雷の全廃について合意に達しなかった事態を受けて、「オタワ（首都）で対人地雷全廃に賛同する会議を開催する」という意向を表明してからである。当初は、与野党やマスメディアにも対人地雷全廃についてそれほど関心はなく、外務省内でも優先順位は低かった。しかし外務省や地雷禁止国際キャンペーン（ICBL）を中心とするNGOの活動によって、国際的関心が高まり、それがカナダの議会、NGO、メディア、一般世論の関心を高める結果になった。政府はオタワ会議の開始直前になってカナダが保有している地雷の三分の二を廃棄すると宣言し、会議成功への強い意欲を示した。

オタワ会議は、九六年一〇月、正式参加五〇カ国、オブザーバー参加二四カ国、ＩＣＢＬなどのＮＧＯ、国連赤十字委員会などの国際機関の代表が参加して開かれた。その閉会式で、アクスワージー外相が行った演説が、いわゆるオタワ・プロセスの始まりを告げた。外相は、事前にどの国とも相談することなく、「一九九七年一二月までに調印し、二〇〇〇年までに実施できる（対人地雷の使用と製造を禁止する）条約を共に策定する」作業にとりかかるよう、各国に呼び掛けたのである。

そして、ブリュッセル、ウィーン、オスロでの作業会議をへて、ついに一九九七年一二月、オタワで対人地雷全面禁止条約の調印式が行われた。条約は対人地雷の開発、生産、取得、保有、使用などを全面禁止し、保有国に四年以内に全面廃棄し、一〇年以内に埋設地雷を撤去することを義務づけた。その後まもなく、国連総会でも一四一カ国が賛同して対人地雷の全面禁止を求める決議を採択した。

「オタワ・プロセス」と称された一連の協議は、いくつかの点でユニークだった。ひとつは、国連や大国ではなくＮＧＯが主導し、賛同する国々と多くのＮＧＯが協議して条約案をまとめたこと。第二に、ローマ法王、南アフリカのツツ司教やマンデラ大統領、英国のダイアナ妃などが対人地雷による悲劇と地雷全廃を世界中に訴えたこと。第三に、中国、ロシア、多くの中東諸国が調印しなかっただけでなく、朝鮮半島の非軍事境界線に多くの地雷を敷設した米国も調印を保留したにもかかわらず、四〇カ国以上の批准により条約成立にこぎつけたこと（注5）。

クレティエン首相は、「史上初めて、さまざまな政府、機関、そして非政府組織が手を組んで、スピードとスピリットをもって条約案を作った」と述べたが、NGOと中小国家が大国の支持や協力なしに重要な軍縮協約を成立させたのは、まさに歴史的な快挙であった。そして、NGO地雷禁止国際キャンペーン（ICBL）とともに主役をつとめたのがカナダであった。

米国のクリントン大統領は、地雷に代わる軍事的解決案が見つかれば、二〇〇六年までに米国も調印すると述べた。ブッシュ政権になって、調印の姿勢は消えたかに思われたが、二〇〇四年二月、国務省は「地雷に関する米国の新政策――対人リスクを削減し、米兵の命を救う」と題する大統領の行動計画を発表した。それによると、米国は米軍兵士を守り人命を救出するために地雷を「必要」としているものの、地雷の非差別的使用は「世界中で深刻な人道問題」となっており、対人・対車両を問わず、韓国に配備しているものを含む「あらゆる種類の持続型（非可探知型）地雷」を廃棄するという。また、米国政府は地雷撤去に引き続き多額の資金を供与することも決めた。ただし、一方では、非持続型（自爆・自動非活性化型）地雷と対人・対戦車地雷の開発は続けるという（注6）。

戦争犯罪人を裁く国際刑事裁判所の設立

カナダの人道的関心は、国際刑事裁判所（ICC＝International Criminal Court）の設置にも向けられた。

このような裁判所の設置構想は第一次世界大戦にさかのぼる。一九一九年のベルサイユ条約第二二七条では、「国際的道義および諸条約の崇高なる義務に最高度の侵害を犯した」として前ドイツ皇帝ウィルヘルム二世を裁くために、米国、英国、フランス、イタリア、日本の判事で構成する特別法廷の設置が決められた。しかし、世界大戦の開始を違法とする制度がなく、同皇帝を処罰することはできなかった。その後、「戦争の慣習や人道法」への違反行為を犯した敵国の元首その他を裁くための国際法廷が設置されたが、関係諸国が被疑者を裁判所に引き渡そうとしなかったため、機能しなかった。すでに触れたように、一九二八年には戦争一般を禁じるパリ不戦条約ができたが、戦争を防ぐことはできなかった。

その後、一九三七年には、テロリズム防止処罰条約とともに国際刑事裁判所条約が国際連盟で採択されたが、結局は実現しなかった。しかし、第二次世界大戦では戦争犯罪者を裁くことが戦勝国の間で決まり、ドイツと日本の戦争責任（平和に対する罪、戦争犯罪、人道に対する罪など）がニュールンベルク裁判と東京（極東国際軍事）裁判で問われた。いずれも、勝者の責任を問わない、勝者による敗者の裁き、あるいは「事後法」（事件が発生してから制定された法律。通常、法律は制定前の事件に遡及しては適用されない）による違法な裁判という批判はあったが、これらの裁判を前例として、その後、国連で戦争犯罪、大量虐殺（ジェノサイド）、人道に対する罪に関する条約が採択された。

国際法委員会は、国連総会の要請を受けて、一九四八年以来、国際刑事裁判所の設立に向けて議論を始めた。しかし、冷戦下の東西対立のもとで裁判所の設立はなかなか決まらなかった。

裁判所設置への新たな動きが生まれたのは、一九八九年の冷戦終結後である。とりわけ旧ユーゴスラビアやルワンダにおける大量虐殺事件（旧ユーゴスラビアでは、一九九〇年初めに起こった民族紛争と内戦により、およそ二〇万人が死亡したほか、二五〇万人が難民となり、ルワンダでは、一九九四年、部族間対立でおよそ五〇万人が無差別に殺害され、一〇〇万人以上が難民として周辺諸国に脱出したといわれる）は、戦争以外でも非人道的行為が起こることを見せつけた。

そのため、紛争地域における虐殺、非人道的行為、戦争犯罪などに関する個人の責任を裁く国際世論が湧き起こり、国連安保理は、九三年に暫定旧ユーゴ国際刑事裁判所、九四年に暫定ルワンダ国際刑事裁判所を設置した。九四年には、国際法委員会が裁判所の枠組みを定めた条約案も完成させた。こうして、国際刑事裁判所設立の準備が整ったのである。

一九九七年に国連総会が国際刑事裁判所設立に関する国際会議を翌年ローマで開催することを決定すると、その設立を当初から支持していたカナダは、同じ志をもつ国々の「同志グループ」を率いて会議の成功へ向けて動き出した。グループは、裁判所の原則ともいうべきものを採択するが、それには裁判所が以下の要件を備えることが盛り込まれていた。

①国家間・国内を問わず、武装衝突で発生した戦争犯罪、大量虐殺、人道への犯罪、侵略を裁く権限。
②独立性と公平性を保つための国連安保理との明確かつ建設的な関係。
③裁判を開始できる独立した検察官。
④武装紛争および刑事法過程における被害者（特に女性と子ども）の体験の認識。
九八年六月にローマで開催された会議には、カナダからアクスワージー外相が出席して、「国際人権法のもっとも深刻な違反を阻止」し、「弱者と罪なき人々を守るため世界の手を延べ」、「戦争の罪や大量虐殺を犯す者を隔離……することによって刑事免責と報復の循環を終止させる」ために、このような効果的な独立機関が必要だと論じた。「正義なきところに和解はなく、和解なきところに平和はない」とも述べた。

ローマ会議でまとめられたいわゆるローマ規程に、カナダは九八年一二月に調印し、二〇〇〇年六月には世界で初めて同規程を実施するための国内法「人道に対する犯罪および戦争犯罪に対する法律」を定めた。

ローマ規程は批准国が六〇に達した二〇〇二年七月一日に発効し、ここに史上初めて戦争犯罪を裁く常設の国際刑事裁判所が創設された。二〇〇三年二月には、ローマ会議で各国間の交渉役をつとめ、裁判ルールなどの作成にも重要な役割を果たしたカナダのフィリッペ・カーシュが初代裁判長に選出された。

カナダ政府は、この国際刑事裁判所を国連がすすめ、カナダが強く支持する「人間の安全保障(human security)」を確保するための重要な柱と位置づけて、アフリカ、中東、アジア、中南米の諸国に調印を訴えるほか、同裁判所に関する教育キャンペーンを続けている。

ローマ規程には、一三九カ国が調印したが、二〇〇五年五月までに批准したのは九九カ国にとどまっている。ドイツ、イタリア、フランス、オーストラリア、韓国などは批准を済ませているが、日本やロシアは批准国に含まれていない。

ブッシュ政権は、世界各地に駐留する米軍兵が訴追されるのを恐れて、当初からこの裁判所の設立に強く反対してきた。米国、中国、イラク、リビア、イエーメン、カタール、イスラエルの七カ国は、ローマ規程に調印さえしていない。

人道的武力介入は是か非か

人道的介入が主権への受け入れがたい攻撃だとすれば、ルワンダやスレブニツァ(一九九五年、ボスニアのセルビア人勢力によって占領され、数千人が「行方不明」になった)のような事態に、共通の人道性のもつあらゆる教訓を踏みにじる、吐き気を催すような、意図的な人権侵害にどう対応すべきなのか。……いかなる法的原則も、あるいは主権さえも、人道に対する犯罪を遮断することはできない。武力介入は常に最後の選択肢でなければならないが、大量殺戮を目前にして、排除できない選択肢だ。

アナン国連事務総長が二〇〇〇年に述べた言葉である。このアナンの言葉が示すように、世界の一部地域では無秩序状態のなかで部族間・民族間闘争が起こり、大量殺戮や「民族浄化」が頻発していたが、国際社会はそうした深刻な非人道的事件に対応するための合意（国際法）を欠き、適切に対応できずにいた。

カナダ政府は、アナンの言葉を受けて、ただちに独立機関「介入と国家主権に関する国際委員会（ＩＣＩＳＳ）」を設置した。どこかの国で人道保護問題が生じたときに、他の国々はどうすべきかという問題を検討してもらうためである。九・一一テロが発生する前の検討であり、こうしたテロで自国民あるいは国内に住む外国人が被害にあった場合にその国はどう対応すべきかというのは、課題ではなかった。（九・一一テロのような事件に対しては、すでに国連憲章五一条が「国際連合加盟国に対して武力攻撃が発生した場合」には「個別的又は集団的自衛の固有の権利」を認めていたし、九・一一テロの直後に安全保障理事会で満場一致で採択された決議一三六八および決議一三七三もそのことをはっきりと承認した。）

元オーストラリア外相のギャレス・エバンズとアフリカ問題担当国連事務総長特別顧問モハメド・サハヌーンを共同委員長に、世界中の専門家一二人からなる委員会が米国、英国、フランス、スイス、インド、モザンビーク、ロシア、カナダ、中国など世界各地で意見を聞いた上でまとめた『保護する責任』と題する報告書は、九・一一テロの前にほぼ完成した。その結論は、「大量殺戮・強姦、餓死などの回避可能な惨事から自国民を守る責任は主権国家にあるが、国家に守る意志や能力がない場合、その責任は国際コミュニティ（community of states）が負わなければならない」というものであった。

国際テロについては、報告書は「節度ある」軍事行動をとるべきだ、と次のように勧告した。

国際的なテロリストや彼らを匿《かくま》う者たちに対してとられている特別軍事行動について、われわれに原則的な困難はない。しかし、軍事力はつねに節度あるやり方で行使されるべきであり、この報告書に概説されている正当な意図、最終的な選択肢、相対的な手段、そして合理的な見通しというものは、一見して、すべてこうした行動にも当てはまる。

「正当な意図」とは、介入の主目的が人的被害を止めたり回避したりすることにあり、それは「はっきりと地域の声および被害者に支持された、マルチラテラルな活動をもってより保証される」。「最終的な選択肢」とは、「危機の防止やその平和的な解決のためのあらゆる非軍事的な選択肢を試みたあと」にのみ軍事的介入をすべきだという考えに基づく。

「相対的な手段」は、「軍事介入の規模、期間、激しさが、人道保護を確保するのに必要な最低限度のものでなければならない」。

「合理的な見通し」とは、「介入を正当化した惨害を止め、あるいは回避するだけの妥当な見込みがあり、しかも介入の結果は介入しなかった場合と比べてよくなるという見通しがなければならない」。

しかも「人的保護目的の軍事介入を承認するのは国連安全保障理事会より適切なものはない」とし、このような人道的軍事介入については、常任理事国は自らの重要な国益がからんでいない限り拒否権を行使すべきではないが、安保理が何らかの事情で時間内に行動がとれない場合は、「平和のための結集」方式（注7）により国連総会の緊急会議で決定するか、とりあえず憲章第八章で定められた地域的機関による強制行動に委ねることを提案している。地域的機関とは、ヨーロッパのＮＡＴＯ、アジアのアセアン（東南アジア諸国連合）、アフリカのアフリカ機構のような組織を指すと考えればよいだろう。

また、国連憲章第二四条で定められた安全保障理事会の「国際的な平和と安全を維持する主要な責任」や、人権・人道保護のためのさまざまな宣言、協約、条約、国際法、国内法に盛られた法的責任にも触れて、基本的に国連（安保理）を中心とするマルチラテラリズムや「法による支配（法治主義）」の立場をとっている。

九・一一テロ以前に大要がまとめられたとはいえ、報告書が「人道的軍事介入」の原則は国際テロに対抗する行動にも当てはまると指摘しているのは、注目に値しよう。クレティエン政権

（および、後に述べるマーティン政権）が、この報告書に則《のっと》ってイラク戦争不参加の姿勢を貫いたかどうかは確認できないが、その基本的な考えはカナダ政府がとった政策の底流をなしている。

「正当な意図、最終的な選択肢、相対的な手段、そして合理的な見通し」という報告書の四つの原則は、結果的にブッシュ政権の単独行動主義を戒める内容になっている。国連による査察継続の余地を残し、フランスやドイツやロシアなどの協力を得られないまま、過去の非人道的な行為や「大量破壊兵器」の所持やアルカイダとのつながりを理由に、圧倒的な軍事力で先制攻撃をしかけてフセイン政権を崩壊させ、その後も一般市民を含む多くの死傷者を生み続けるイラク戦争。いずれも、報告書の介入原則とは相容れない（注8）。

九・一一テロの直後、ブッシュ大統領は「（テロリズムに対する）クルセード（crusade）」を展開すると述べて、物議をかもした。「クルセード」には「テロ撲滅運動」のような「運動」あるいは「キャンペーン」という意味もあるが、「聖戦」や「十字軍」の意味もある。とりわけ十字軍が侵攻したイスラム世界では挑発的な言葉であり、「文明の衝突」論や「米国＝帝国」論が世界中をかけめぐった。大統領が何度も口にした「善」対「悪」という表現も、宗教的な色彩が強く、世界中にはりめぐらせた強大な軍事力とあいまって「米国＝帝国主義」論を補強した。

移民と難民を惹きつけるカナダのソフトパワー

カナダのマルチラテラリズムは、防衛力の脆弱化や対米協調不足を嘆く人々から批判を浴びているが、それはカナダが隣の超大国に抗して生き延びる（サバイバルする）ための「知恵」である。それがなければ、カナダは米国と一体化し、政治的・経済的・文化的カナディアン・アイデンティティを失うだけでなく、中小さまざまな国々とその人々の信頼も失うであろう。

カナダがそのために大きな価値を与えたのは、ハードパワーではなく、「ソフトパワー」である。「ソフトパワー」は、米クリントン政権で国防次官補（国際安全保障政策担当）を務め、現在はハーバード大学に復帰してケネディ・スクール（行政大学院）院長の職にあるジョセフ・S・ナイが一九八〇年代末に使い出した言葉で、著書『不滅の大国アメリカ』（久保伸太郎訳、読売新聞社）でこう定義している。

　軍事力と経済力はいずれも、他国に政策を変えるよう促すために使えるハードパワーである。……（他方）ある国が国際政治で望む通りの結果を得るとき、他国がその国に従おうと望み、その国の価値に憧れ、その国の例にならい、その国の繁栄と開放性の水準に達したいと考えているためであることもある。……つまり、自国が望むものを他国も望むようにする力を、わたしはソフトパワーと呼んでいる。無理やり従わせるのではなく、味方にする力がソフトパワーである。

米国に関して言えば、たとえば「民主主義、個人の自由、社会的地位の上昇の可能性、開放性を重視する価値観」だ。ナイによれば、「カナダ、オランダ、北欧諸国などは、軍事力と経済力を上回る政治力をもって」いるが、それは「経済援助や平和維持活動などの魅力のある目標の追求を国益のひとつとしてあげている」ことによる。それに反して、米国では「単独主義者」がこうしたソフトパワーを忘れているために、米国を誤った道に導いている、という。

ナイ教授の定義からすれば、カナダのソフトパワーは上にあげた「法治主義、共同行動主義、平和主義」だけではない。かつてトルドー首相は、「公正な社会（just society）」を説いた。「公正な社会」は、トルドーが一九六八年の総選挙でかかげたテーマで、首相退陣後の回顧録（一九九三年）から引用すれば、次のような成果があった（Pierre Elliott Trudeau, *Memories*）。

首相在任時代を振り返って私が最も喜ばしく思うのは、人的側面――すなわち、われわれが人々のためにできたことである。たとえば貧困者は全人口の二三％（一九六九）から一二・八％（一九八四）に落ちた。高齢者を世帯主とする家族の貧困率は六九年の四九％から八〇年の一四％へ減った。……

わたしはまた、それまで正当に遇されてこなかったさまざまなグループのメンバーのために行った変革を誇りに思う。私が首相として任命するまで、下院の議長席に女性が座ったことはなかった。女性が総督や副（州）総督の地位についたこともなかった。女性がカナダ最高裁判所の判事あるいは高等裁判所の首席判事に就任したこともなかった。二一歳になるまで投票した人は一人もいなかった。

連邦内閣にも最高裁判所にもユダヤ系が一人もいなかった。フランス系カナダ人が財務大臣や通商大臣に就任した例もない。イヌイットが上院に議席を占めたことはないし、先住民が連邦閣僚や副（州）総督になったこともない。憲法には先住民権が確定しているとか、存在したという条文はなかった。われわれは、真に多元的な社会というカナダの理想をさらに現実的なものとし、その過程で国家としての成熟を示すことができた。

トルドー首相が、フランス系カナダ人の平等性を高めるために公用語法によって連邦機関に英仏バイリンガル政策を導入し、また英国系文化、フランス系文化、先住民文化などを含む多様な文化を認知し、その共存・発展を促進しようという多文化主義政策を取り入れたのも、社会的公正を図るためであったと言えよう。対外的には、トルドー政権は国連平和維持活動を縮小したものの、NATOから一部撤退し、中国やキューバとの関係に目を注ぎ、東西冷戦の終結に力を入れた。

またアクスワージー外務大臣は、一九九九年一月、メキシコ市で「人間の安全保障」について、それが軍事紛争における民間人――とりわけ子ども――を保護するのにいかに重要かを述べた。いわゆるグローバリゼーションは国境を越えた不法ドラッグ、環境破壊、人権侵害、武器などの拡散を招いた。こうした脅威は、多国間協調によってしか解決できない。「強制ではなく交渉」「強力な武器ではなく強力なアイデア」「密室での取引ではなく公的な外交」――すなわち「ソフトパワー」によるほかない……。

同年二月の国連安保理での演説では、アクスワージー外相は「安保理の最終的目標は、世界の人々の安全を守ることであり、単に彼らが住んでいる国を守ることではない」と述べて、国連による「人間の安全保障」政策へ強い支持を表明し、これをカナダ外交の柱にすえた。

主な難民第三国定住受け入れ国（2003年）

アメリカ	28,420
オーストラリア	11,860
カナダ	10,730
ノルウェー	1,630
スウェーデン	940
ニュージーランド	650
フィンランド	560
デンマーク	510
オランダ	170
アイルランド	50

出典／UNHCR Japan「難民とUNHCR」 http://www.unhcr.or.jp/ref_unhcr/statistics/activity_04.html

カナダが大量に難民を受け入れたのは、第二次世界大戦直後にさかのぼる。たとえば、一九四七年から五二年にかけてヨーロッパから一七万人、一九五六年にはいわゆるハンガリー動乱が起こったハンガリーからおよそ四万人の難民を受け入れた。世界中で動乱が続いた八〇年代から九〇年代にかけては、年間一万人から四万人の難民がカナダに定住を認められた。これもカナダの「ソフトパワー」のひとつと言えよう。カナダは、現在も、世界中の紛争地域から年間一万~三万人の難民を受け入れている（注9）。カナダへの移住者の一割から二割は難民が占めているという計算になる。

カナダの新しい難民制度は、二〇〇二年六月に発効した移民・難民保護法（旧移民法）で定められている。それによると、難民は二つの方法によりカナダで保護を受けることができる。

ひとつは国外にいる難民をカナダに呼ぶ再定住プログラム。こうした難民は、政府や赤十字または民間グループ（Care Canada, Childhope Foundation Canada, Oxfam Canadaなど）の支援を受けてカナダで定住するためのさまざまな支援を受けながらカナダでの生活を始める。ちなみに、二〇〇一年に政府枠でカナダに再定住した難民は約八七〇〇人、民間枠で再定住した難民は約三六〇〇人にのぼった。

二つ目は、すでにカナダに入国しているか、国境でカナダ入国を待っている難民が、難民申請を行うシステム。難民申請者が実際に難民かどうか、すなわちカナダの保護を必要としているかを審査するのは、移民・難民審査庁である（注10）。

カナダに再定住した、あるいは難民申請が認められた人は、「被保護者」と認定され、訴追を受ける可能性のある国へ送り返されることがなくなるだけでなく、カナダで働き学ぶことが可能になる。

再定住者はカナダ到着と同時に、あるいは家族が合流し次第、また難民申請をへて被保護者となった人はほぼ一年以内に永住権を獲得するが（治安へのリスクなどを理由に、入国や再定住が認められないケースもある）、そうなれば、ほぼカナダ国民と同じ権利が保障される。また永住権を獲得してから三年が経過すると、カナダ市民権を得る資格ができる。重罪を犯しておらず、国家的にも危険人物と見なされない限り、英語またはフランス語のコミュニケーション能力があり、カナダ市民としての義務や権利について知識さえあれば、三年以上カナダに在住した永住権保持者はほとんどすべてが市民権を取得できる。

英語系住民とフランス語系住民の融和をはかるため英語とフランス語を連邦政府の公用語とするバイリンガリズム、国籍や民族を問わず多くの難民を含む移住者を受け入れる普遍的移民政策、「唯一のカナダ文化」を否定して多くの文化の共存を推奨する多文化主義政策、先住民の「先住民としての権利（先住民権）」を認めるいわば共存的先住民政策、憲法の「権利と自由の憲章」が保障するさまざまな権利と自由、第二章で述べたような充実した社会保障などに見られる温かい政治、治安の良さなどが、ナイが「機敏なミドルウェイト（an agile middleweight）」と呼ぶカナダの「誘引力と魅力」となっている。

「ミドル・パワー」は過去の遺物か

ただし、カナダの多国間協調主義がすべてうまくいっているというわけではない。カナダの理想主義が近年やや現実から乖離《かいり》しつつある、あるいは協調活動が変質しつつあるという面にも目を向けるべきだろう。

たとえばカナダが誇りとしてきた国連平和維持活動を見てみよう。

カナダは、かつて、ほとんどすべての平和維持活動に加わり、ときにはカナダ軍の一〇分の一近くを派遣したこともあった。しかし、二〇〇四年一〇月現在では、アフガニスタン、ボスニア・

アフガニスタンのカブールに駐屯しているカナダ軍
（写真／Sgt Frank Hudec,Forces Combat Camera）

ヘルツェゴビナ、シリア（ゴラン高原）、シナイ半島、シゴネラ（イタリア）、ハイチなどへと、活動地域は大幅に縮小された。

派遣される要員は、一九九〇年代ピーク時の数千人から二〇〇〇人弱に減った（カナダ防衛省）。二〇〇四年一〇月中旬の時点におけるカナダ派遣部隊の規模はおよそ九五〇人。ガーナ、エチオピア、ウルグアイ、バングラデシュなどが派遣している平和維持部隊よりはるかに小さい。上記以外の場所では、一〇人以下の派遣がほとんどである。

しかし、国際平和維持活動から撤退したわけではなく、非軍事的な「平和構築」のための警備、警官養成、ジャーナリスト養成、行政機構や社会的インフラの整備などには積極的に参加している。カナダは前述のように平和維持要員の訓練センターを設置したほか、ガーナに創設されたコフィ・アナン国際平和維持活動訓練センターに三〇〇万ドルを支援するなど、平和維持活動への高い関心は維持している。活動が「前方」から「後方」に退いたという印象は免れないが、平和維持・構築がカナダの外交・防衛政策の重要な軸のひとつであることに変わりはない。

人権擁護、地雷禁止、貧困救済など「人間の安全保障」に力を入れていることも、すでに見た通りである。高柳彰夫(『カナダのNGO——政府との「創造的緊張」をめざして』)が指摘するように、多くのNGOが、政府の努力を補完しつつ、各地で人道援助活動を展開している。

とは言え、カナダの国際活動は、カナダが高らかに「ミドル・パワー」を旗印にしていた一九五〇年代や六〇年代から見ると明らかに後退しているように見える。

対外援助についてはどうだろうか。カナダは第二次世界大戦後のヨーロッパ復興計画(マーシャル・プラン)やアジア英連邦諸国復興計画(コロンボ・プラン)で重要な役割を果たした。一九六八年に政府は対外援助を管轄するカナダ国際開発庁(CIDA)を創設し、ピアソン首相が議長を務める開発援助に関する国際会議は、経済先進諸国はそれぞれの対外援助をGDPの〇・七%に引き上げるよう呼び掛けた(六八年度のカナダの対GDP比は〇・三四%)。カナダは七〇年にその目標を受け入れると宣言した。

しかし、実際にはODAの対GDP比率は七五年に〇・五三％に達したものの、その後は八六年の〇・五〇％を除いて低下の一歩をたどり、二〇〇〇年度には〇・二五％にまで落ちた。二〇〇二年度には〇・二八％に引き上げられたものの、目標からはほど遠い。

二〇〇一年九月の同時多発テロ直後に、当時のカナダ外務大臣ジョン・マンリーが述べたように（*The National Post*、一〇月五日）、「われわれは、いまだに、二世代以上も前に築かれた評判の上に立って取り引きしている。しかし、われわれはその評判に引き続き応えていない」ということだろう。

マンリー大臣によれば、カナダの軍隊はテロリストやテロリストを匿《かくま》っている国々への活動には有用と思われる特殊な能力をもち、カナダ国際開発庁が配布している対外援助も他の一部の国々より多く、より感謝されてはいるものの、国際的な平和維持活動や対外援助におけるカナダの国際的シェアは減り、外交的な情報収集能力もない。

確かに、「二一世紀カナダ安全保障会議（CCS21）」のグラナツティン議長らが指摘したように、カナダではその国際的影響力の低下を懸念する声がある。マンリー発言も、それを反映させたものであろう。

カールトン大学でジャーナリズムと国際関係を教えるアンドリュー・コーエン教授は、*While Canada Slept: How We Lost Our Place in the World*（『カナダが寝ている間に――われわれはいかにして世界におけるその地位を失ったか』）と題する著書（McClelland and Stewart, 二〇〇三年）で、まさにカナダの国際的地位の変化とその対応策について述べている。

コーエンは、まず、カナダが二世代前と変わっていない、と多くのカナダ国民が考えていることを問題にする。カナダには、かつて、ヒューム・ロング（一八九四〜一九五四）、ノーマン・ロバートソン（一九〇四〜六八）、レスター・ピアソン（一八九七〜一九七二）といった、第二次世界大戦後のカナダを国際舞台に引き上げた外交官たちがいた。彼らのもとで、「カナダの兵士たちは戦って平和を守り、外交官たちは戦後の国際貿易システムや国際秩序の創設に手を貸し、篤志家たちは世界初の対外援助プログラムの基礎を敷いた」。

カナダ外交の黄金期を築いたこれらの巨星たちが、二一世紀のカナダを訪問したら、何を見るだろうか。コーエンの答えは、かつて彼らが作った「ミドル・パワー」の実体なき「幻影」である。カナダは軍事力、対外援助力、外交力において一昔前と比べて効力を失い、相対的な経済力、貿易の多様性、外交の説得力、対外情報の質、国民の世界認識、世界の対カナダ認識などの点でも後退している、というのがコーエンの結論である。コーエンはさらに、医療と教育を中心とする社会サービスの低下、「偏狭な」首相（ジャン・クレティエン）に代表される政治家の無気力、軟弱で無責任なメディア、歴史を教えない教育をもヤリ玉に挙げる。要するに、カナダはもはやミドル・パワーどころか、衰退国家だというのである。

コーエンは、処方箋として、次の点をあげる。

まず、防衛費を対GDP比一・一%から一・五%に引き上げて、軍隊の「装備、人員、指導力」を整える。国内では自衛や救援活動や緊急時における秩序維持、国外では国連のもとでの平和維持・平和構築活動、そしてNATOやNORADなどとの連携、そして国際的なテロや犯罪に対する防衛のためである。

第二に、対外の援助分野と対象国を絞り、自由化し（カナダからの調達を援助の条件にしない）、額を増やす。

第三に、途上国にカナダ市場をさらに開放する。

第四に、外務官僚の待遇を改善して優秀な人材を集め、カナダが所属する国際機関や在外公館を整理し、外交の対象を議会や一般市民に広げる。

コーエンが提唱するのは、カナダが「長い眠り」から目覚めて、その経済力にふさわしく軍隊を立て直し、対外援助を引き上げ、貿易を自由化し、再び国際的影響力を高めることだ。コーエンによれば、カナダは努力すれば、いずれの日か、「世界で最善の小さな軍隊」「世界で最も効率的で寛大な援助プログラム」「世界で最も想像力に富む外交」を通じて、さまざまな国際貢献が可能になるという。ただ残念ながら、コーエンは具体的にどのようにすればカナダがそのような力をつけられるかは述べていない。

カナダが再びミドル・パワーとしての国際的役割を果たせる日は来るだろうか。おそらく、その答えは軍隊の増強などではなく、ソフト・パワーと多国間協調主義にある。カナダが単独でいくら外交的・経済的・軍事的に努力しても、隣の超大国に対して影響力を行使できるとは考えられない。全面的に米国と協調すれば、カナダとしての政治的・外交的アイデンティティを失う。だとすれば、位置づけがミドル・パワーであれ、スモール・パワーであれ、カナダが今後とも国際的な役割を果たすには、その国際的信頼力を活かしながら世界観や価値観を共有する国々と協調していくという「第三の道」を歩むほかないだろう。

（注1）二〇〇三年九月四日に総研セミナー「国連と日本」で行った講演「だれが国連体制を立て直すか――多国間主義に背を向けてきた米、日本」。『朝日総研レポート』一六五号（二〇〇三年一二月）に掲載。

（注2）米ソ冷戦の最中、ソ連（現ロシア）が米国の「裏庭」ともいうべきキューバに、米国およびカナダの軍事基地に達する大陸間弾道弾を設置することを察知したケネディ政権は、それを撤去させるため、艦艇一八三隻、軍用機一九〇機を動員してキューバを海上封鎖した。結果的に、ソ連はミサイル撤去を約束し、危機は回避された。「デフコン（DEFCON）3」はDefense Condition3のことで、五段階の防衛態勢（デフコン）の第三レベル。ちなみに、デフコン一は最高レ

ベルの防衛態勢、デフコン5は平和時の通常待機態勢。他にミサイル攻撃に備えた二段階の緊急対応態勢（EMERGCON）がある。

（注3）Lawrence Martin, *The presidents and the prime ministers : Washington and Ottawa face to face : the myth of bilateral bliss, 1867-1982* (Toronto:Doubleday,1982)

（注4）Department of Foreign Affairs and International Trade,"Canada and the United Nations"

（注5）二〇〇四三年一〇月中旬までに批准した国は、日本を含め一四三にのぼる。ポーランド、インドネシア、ウクライナなど、調印はしたものの、批准はしていない国もある。米国、ロシア、中国、韓国、北朝鮮などは調印もしていない。〈http://www.icbl.org/treaty/members〉。

（注6）U.S. Department of State, "New United States Policy on Landmines: Reducing Humanitarian Risk and Saving Lives of United States Soldiers"〈http://www.state.gov/t/pm/rls/fs/30044.htm〉

（注7）一九五〇年一一月に国連総会で採択された国連決議三七七号により、国連安全保障理事会が常任理事国の拒否権行使のために責任を遂行できなくなったときに、国連総会は一定の勧告を行えることになった。「平和のための結集」決議は、そのときの朝鮮戦争のほか、一九五六年のスエズ紛争、五八年および六七年の中東紛争などでも、打開策として行使された。

（注8）国連の「脅威・挑戦・変化に関する国連事務総長ハイレベル諮問委員会」が二〇〇四年一一月末に発表した報告書は、何らかの武力攻撃に直面しそうになった国について、一定の基準のも

とに安保理が予防的武力行使を承認できるようにすべきだ、と提案した。委員会が示した基準は、脅威の深刻さ、行動の目的、武力行使の正当性（最後の手段かどうか）と適切性、武力行使の効果と損失のバランスなどで、ＩＣＩＳＳが勧告した原則を下敷きにしたものと思われる。諮問委員会の提言は、アナン事務総長の報告『より大きな自由を求めて』（〇五年三月二〇日）に採り入れられた。

（注９）二〇〇一年にカナダ永住が認められた難民はおよそ一万六〇〇〇人。カナダは、「難民・人道的再定住プログラム（Refugee and Humanitarian Resettlement Program）」を通じて難民を受け入れているが、近年はアフガニスタン、コロンビア、スーダン、イラン、コンゴ、ハンガリー、パキスタン、スリランカ、ジンバブエなどからの難民が多い。なお、難民には、故郷に帰る、避難先（Ａ）で定住する、Ａから別の国（Ｂ）に移住（再定住）する、という三つの選択肢しかない。ＡからＢに移住した場合、第三国移住という。

（注10）ちなみに、日本の法務省が二〇〇四年度に難民として認定したのはわずか一五人。認定されない申請者は、強制収容か本国送還となった。二〇〇五年一月には、国連難民高等弁務官事務所（ＵＮＨＣＲ）が難民として保護の必要を認めていたトルコ国籍のクルド人家族五人のうち、父子だけは本国へ強制送還され、第三国移住も認められなかった。その後、法務省は、こうした「国連認定難民」については原則として在留特別許可の付与を検討することになった。

第五章

反米と親米の間でゆれるカナダの宿命

これまで見てきたように、カナダは米国と切っても切れないほどの歴史的・地理的・経済的な絆で結ばれている。社会はほぼ一体化し、軍事的には実質的に米国の傘の下にある。

それにもかかわらず、カナダはブッシュ米大統領が各国に呼びかけたイラク参戦に応じなかった。そこで本章では、その背景を探るとともに、イラク戦争に参加すべきかどうかに関するカナダ国内の議論を見てみよう。それによって、カナダ政府のとった対応の当否がより見えてくるはずである。

カナダ連邦政府の立場

第一章で述べたように、カナダ政府はイラク戦争に加わらないと決定し、一部の保守派以外はメディアや世論もそれを支持した。政府の立場は、およそ次の理由によるものだった。

まず、イラク攻撃が国連のお墨付き(sanction)を得ていない。フセイン政権が核兵器、生物兵器、化学兵器などのいわゆる大量破壊兵器をもっているという証拠が見つかっていない。こうした状況下での「先制攻撃」には国際法上の正当性がない。フセイン政権には、一国だけの意思でなく、あくまでも国際協調によって対応する必要がある。またこうした状況下でのカナダの参戦は、カナダのミドル・パワー外交や国際平和維持活動の伝統に反する……。

こうした対応は、アナン国連事務総長の考え方ともほぼ一致する。アナンは、二〇〇四年九月一六日、英国BBCとのインタビューで、対イラク攻撃の決定は、単独にではなく、安保理によって行われるべきだったと述べ、さらに、イラク侵略が違法であったと考えるかと問われて、「そうだ。われわれの視点、（国連）憲章の視点から見て、憲章とは相容れないものであり、違法だった」と明言した。さらに九月二一日の第五九回国連総会開会式における一般演説で次のように述べて、「法の支配」（法治主義）の危機に警鐘を鳴らした。

今日、法の支配は世界中で危機に面している。われわれは、繰り返し繰り返し、罪なき命、民間人、子どもたちをはじめとする価値あるもの（とりわけ子どもたち）への尊敬を規定している基本的な法律が無視されているのを目にしている。……イラクでは民間人が平然と虐殺され、援助ワーカー、ジャーナリスト、その他の非戦闘員が捕虜にとられ、もっとも残忍なやり方で殺害される。われわれはイラク人捕虜が卑劣に虐待されているのも見た。国連で安全保障理事会がもつ強制力はいつも公正あるいは効果的に行使されるとは限らない、と多くの人が感じている。法の支配は、たとえば人権委員会などで真面目に発動されることがあるが、発動する側は必ずしも言葉と行動が一致しない。

カナダは、「テロとの戦い」という名目で対アフガニスタン戦争には加わったし、その後、国境警備の強化や国内テロ予防にも力を入れた。またいったんイラク戦争が始まると、米国への支持を表明した。しかし、「大義」を欠き、「法の支配」に反するイラク戦争は別だった。

クレティエン政権の対イラク戦争政策は、二〇〇三年末に後を引き継ぎ、二〇〇四年の総選挙で改めて自由党内閣の首相に就任したポール・マーティンの代になっても大きくは変わらないようだ。マーティン政権の政策については、第六章で述べる。

米国との「温度差」

すでに見たように、カナダ国民は概してイラク戦争不参加という政府の政策を支持した。九・一一テロ後も、当初こそカナダには米国政府やアメリカ国民の悲しみやショックや怒りに共感を示す声が絶えなかったが、米国が「愛国主義」や「対テロ戦争」の熱気に包まれ、やがてアフガニスタン攻撃からイラク戦争へと進むと、米国とは異なる雰囲気が生じた。

二〇〇二年一一月には、クレティエン首相の女性広報官が、ブッシュ大統領が対イラク攻撃をたきつける場としてＮＡＴＯ首脳会議を利用しているとして、同僚との私語のなかで大統領を「アホ（moron）」呼ばわりしたと伝えられた。米国からの抗議はなく、クレティエン首相も彼女を弁護したが、野党の激しい批判にあって、この広報官は辞職に追い込まれた。ブッシュ大統領を「馬鹿（bastard）」と呼んだ閣僚もいた。

また、ニューヨークのカナダ総領事館は、二〇〇四年一〇月、テロリズムとの戦いに関する討論会を開いた。その案内文にはこう書かれていた。

われわれはテロリズムに対してテロで戦い、暗殺に対しては暗殺で、拷問に対しては拷問で応じなければならないのか。公的安全を守るために民間の自由を犠牲にしなければならないのか。安全と自由のバランスをどうとるのか。

たとえば日本の在米公館がこのような問題意識をもって、このような討論会を開くことはあり得るだろうか。

政府批判をほぼ沈黙させた米国の愛国熱とのこうした「温度差」は、カナダのジャーナリズムやアカデミズムでも見られた。米国のマスコミや大学関係者が、「味方につくか、敵につくか」という愛国心をあおるブッシュ大統領の発言にしたがって、きわめて愛国主義的で、「異論」を認めない論調に傾いたのに対し、カナダではかなり言論の自由が認められ、対米批判論も少なくなかった。

カナダのメディアは、九・一一テロ直後はともかく、その後は（『ナショナル・ポスト』など一部の保守系新聞や雑誌を除いて）全国紙『グローブ・アンド・メール』や『マクリーンズ』誌をはじめ、ほとんどがきわめて冷静に事態の推移を報道し、多くの場合、米国に対して批判的に評論した。米国の『ワシントン・ポスト』紙がブッシュ政権の対イラク政策を強烈に支持し（後に自己検証して意図的に批判的報道を控えたことを認めた）、米国ジャーナリズムの良心と言われる『ニューヨーク・タイムズ』紙でさえ政府の主張をそのまま報道することが多かった（同紙も後に過ちを認めた）のとは、対照的である。まして、公営放送網CBCをはじめ、民間テレビ局が、米国のフォックス・テレビのように一方的に戦争支持をあおることもなかった。

多くの有識者も米国支持の戦争熱に浮かされることはなかった。たとえば同時多発テロ翌日の『グローブ・アンド・メール』紙で、トーマス・ホーマー・ディクソン（トロント大学トルドー平和・紛争研究センター所長兼トロント大学准教授）は、世界の富の不均衡を含む「狂気の根本原因」に対処する必要性を論じ、姿・形の異なる人、「常識的」意見と異なる考えを述べる人、過去に疑問符のつく人々や運動とかかわったことのある人を敵視することのないよう、テロ攻撃への過剰反応をいましめた。左派政党・新民主党のアレクサ・マクドノー党首は、米国を中心とする「有志連合」が判事、陪審、そして刑執行人を兼務することに異を唱えた。

トロント大学のケント・ローチ教授は、九・一一テロがカナダにどのような影響を及ぼしたかについて、法的な観点から批判的に論じた。カナダが米国主導のテロとの戦いに参加して、対テロリズム法などのテロ対策法を制定し、公的安全法の導入を検討することにより、カナダは人権尊重、多文化主義に見られる寛容さ、移民や難民の受け入れ、平和主義などの「カナダ的価値観」を失った、というのである。こうした「カナダ的価値観」は、ときに、カナダ人の根拠のない「対米道徳的優越感」の表明に過ぎないと批判されるが（注1）、多くのカナダ人が米加両国（とくに九・一一テロ後の両国）を比較するときに抱く価値観であることには違いない。

ブリティッシュ・コロンビア大学のサネラ・トバニ教授は、「女性への暴力に関する女性の会議」で激しく米国を非難して注目された。彼女は、「チリからエルサルバドル、そしてニカラグア、イラクに至るまで、米国の外交政策の道程は血に染まっている。……ブッシュがやっきになって駆り立てているアメリカ国民は、血に飢え、復讐心に燃えた人々だ」と述べ、女性たちに戦争反対を呼びかけた。

しかし、米国と国境を接し、防衛・経済・社会など多くの面で密接な関係をもつカナダだけに、彼女の発言は、クレティエン首相やブリティッシュ・コロンビア州首相をはじめ、多くのカナダ人からあまりに過激だと非難された。右派政党のカナダ連盟は、会議を資金的に支援し、ヘディ・フライ「女性の地位・多文化主義」大臣も同会議に出席した点を指摘して、連邦政府もトバニ教授と一蓮托生だと断じた。さらに連邦警察（RCMP）は、トバニ教授が意図的にアメリカ人への憎悪を促進したのではないか、調査していることを明らかにした。通常、「憎悪取締法」は、ユダヤ人など少数民族に対する人種的な差別や憎悪をかきたてる文書や発言を対象にするもので、一般的な「アメリカ国民」や米国の外交政策への批判が対象になることはあり得ない。

また、地元紙『バンクーバー・サン』や『ビクトリア・タイムズ・コロニスト』は、トバニ教授がカナダへの少数民族移民（タンザニア出身）であることを問題視し、カナダは彼女を歓迎したのに、彼女は「われわれの生活様式を批判し、われわれの友人（アメリカ人）に憎悪を向けた」と非難した。このような言論が許されるのは、カナダの多文化主義政策のせいだと批判する評論家もいた。

しかし、トバニ教授が属するブリティッシュ・コロンビア大学の副学長は、記者会見で、「言論の自由は……大学文化の基盤である。これこそが民主主義の基本であり、われわれの社会がテロリズムに対する闘いにおいて守ろうとしている中心的価値だ」と述べて、彼女の発言を擁護した。会議を組織した人々や全国行動委員会も、彼女の講演に対するメディアの対応を批判した。また『オタワ・シティズン』紙は、「トバニが間違っているとは思うが、全般的に、カナダがそうした意見を封じ込めなかったのはいいことだ」として、民主主義社会における言論の自由の大切さを指摘した。「私は君の意見には反対だが、君がそれを述べる自由は死守する」というフランスの文学者・思想家ボルテールの言葉を想起させる論旨であった。

カナダ保守派の米国支持論

カナダがイラク戦争に参加すべきだと主張したのは、カルガリー大学軍事・戦略研究センターのデビッド・バーカソン所長や「二一世紀カナダ安全保障会議（ＣＣＳ21）」のジャック・グラナッティン議長などであった。いずれも、カナダが国際的地位を保ち、米国に対しても影響力を行使できるようにするためにも、防衛力を強化すべきだと訴え続けてきた軍事専門家である。これらの人々は、いわば国威高揚のため軍拡とイラク参戦を支持した。彼らの主張は、対米関係重視を理由に、米国によるイラク攻撃を支持した日本政府や日本の保守派の考え方と通じるものがある。

バーカソン教授（著書に池内光久・立川京一訳『カナダの旗の下で――第二次世界大戦におけるカナダ軍の戦い』〈彩流社、二〇〇三年〉）は、九・一一テロの直後、『ナショナル・ポスト』紙に書いた記事で、米国が対テロ戦争をイラクへ拡大すれば、カナダは最低でも三五〇〇人規模の機甲化旅団（戦車やトラックなどで機動化した、いくつかの連隊からなる部隊）とカナダ軍が所有する戦車および軽装甲車の大半をイラクに派遣すべきである、と論じた。二〇〇三年一月には、テレビで、「フセインが核兵器をもっているというのは、ヨーロッパ、北米、日本にとって危険だ」と述べ、またカナダは参戦によって「米国議会および米国の有権者の間で評判が高まる」が、参戦しなければ米加関係は「冷える」だろうという懸念を示した。

バーカソンが所長を務めるカルガリー大学軍事・戦略研究センターも、二〇〇一年一一月に発表した報告書で、米国との「戦略的パートナーシップ」を提言し、「アメリカの安全保障に対する脅威は、カナダへの脅威であり、逆も真なり」とカナダの安全保障強化を呼びかけた。カナダが自衛力を高めなければ、カナダの意向にかかわらず、米国がカナダを防衛し、結果的にカナダは主権を失う、と論じていた。

そしてカナダが参戦しないままイラク戦争が始まると、バーカソンは「クレティエンのせいで、米加関係は過去三〇年間で最低に落ちた。……自由党の政策は国益に一大打撃を与えた」と書いて、政府を痛烈に批判した。カナダが米国主導の戦争を支持すれば、米国からもっと認めてもらえるが、参戦拒否により両国の関係が冷却することは目に見えている、というのである。

バーカソンはこう主張した。フセイン政権は自国民に対してさまざまな罪を犯しただけでなく、中東地域に重大な戦略的脅威になっており、同地域の安定はカナダの国益でもある。それが参戦理由として十分でないとしても、カナダの対外関係の中心は今後とも米国であり、それだけでも何らかの形で参戦する根拠になり得た。少なくとも、カナダは戦争が続く間、ペルシャ湾岸で活動中の軍艦を連合軍に供与してもよかった。カナダが常に米国の軍事作戦に加わらなければならないというのではなく、その防衛は対米関係にかかっている、また両国の軍隊は緊密な関係にあることを認識した上で、自らの独立を維持すべきである。そうした観点からすれば、米国主導のイラク戦争に荷担しなかったのは、カナダの国益に反する（注2）。

米国支持論者のなかでとりわけ注目されたのは、カナダ史、米加関係、カナダ防衛に関する数多くの著作や論文の著者として、またカナダ戦争博物館の元館長として著名な、カナダ陸軍士官学校卒のヨーク大学名誉教授ジャック・グラナツティンであった。グラナツティンは、二〇〇一年の創設以来カナダ政府に国防強化を促してきた「二一世紀カナダ安全保障会議（ＣＣＳ21）」の議長であり、またカルガリー大学軍事・戦略研究センターの有力メンバーでもある。

グラナツティン教授が二〇〇二年六月に発表した論文（注3）は、国防や対米関係についての彼の基本的な考え方を示していると思われるので、一部を紹介しよう。

二〇〇一年九月一一日以降、北米が新たな状況と新たな脅威に直面していることを誰も疑わない。……カナダには（北）半球の防衛や対テロ戦争に関して米国と協力するほか選択肢はない。躊躇していると、ワシントンとの交渉におけるカナダの影響力を弱め、米国が攻撃から自衛しようとした場合にその（カナダの）主権を脅かすことになる……。

グラナツティンによれば、カナダは「高い道徳」などを振りかざすのではなく、「現実性」を重視すべきである（彼が使った"supposedly superior Canadian morality"という表現は、「カナダの道徳的うぬぼれ」とでも訳すべきだろう）。また二〇〇二年九月に発表した論文では、米国が戦時態勢にある場合は、カナダも同じ態勢をとるべきであり、（党内）指導者争いや医療保険問題などにうつつを抜かしている場合ではないとして、こう論じた。

アメリカ人は、九・一一テロ以降国家防衛に真剣で、カナダをただ乗り国家、主権については多言するものの自国を守るためには反米的レトリックを弄する以外なにもしない国民、と見ている。米軍の新しい北方コマンド（一二三ページ参照）はカナダをその責任地域内においており、たとえカナダが自国領の不可侵性を保障しなくても、米国が保障する。ＮＡＴＯにとって、カナダはお笑い草だ。腕のいい兵隊や海兵はいるが、兵器はＮＡＴＯへの加盟を申請している旧東欧諸国に劣らないほど古い。カナダは、（敵にとって）米国への近道、米国防衛の弱点だと見られても仕方がない。

二〇〇二年九月には、グラナツティンを議長に、ローヒード元アルバータ州首相、実業家トーマス・ダキーノ、上記のバーカソン、歴史家デズモンド・モートン、ルイス・マッケンジー退役少将を含む約四〇〇人の軍事専門家や元軍人をメンバーとする「二一世紀カナダ安全保障会議（ＣＣＳ21）」が、*People's Defence Review*（国民防衛レビュー）と題するレポートを発表し、政府はテロリストからカナダを守る責任を果たしていない、と非難した。政府が軍事力を軽視した結果、カナダは自衛力を失い、結果的にカナダの主権を危機に追いやっている、というのである。「二一世紀カナダ安全保障会議（ＣＣＳ21）」は、この報告書で、一二〇億ドルの防衛予算ではまったく足りず、毎年一五億ドルを追加すべきだと提案した。

グラナツティン教授はさらに、二〇〇三年二月一八日、下院防衛委員会で、「西洋（the West）が攻撃にさらされている。北米が攻撃を受けている。そして米国はさらなる九・一一を防止する決意である。米国の指導層は米国に関するカナダの語り方を怒っている。現状に対する完全な理解の欠如を、われわれの緩やかな移民・難民政策を、われわれのずさんな国境・港湾警戒態勢を怒っている。とりわけ、われわれがカナダ、北米、そしてわれわれが大事にしているという価値観を軍事的に守る分担をすることに真剣でないとして怒っている」と述べた。そして「米国が戦争に出かけるときは、われわれもそうすべきだ。現在のような状況では緊密な協力こそ、カナダの主権を守る最善の、いや唯一の道だ」と説いた（注4）。

グラナツティンは、国連を「か弱い葦《あし》」と呼び、カナダはあまり国連に信頼をおくべきではない、とも述べた。そして、フランスやドイツが米国の力を抑制しようとしているのは、結果的にサダムの側につくことであり、それはまた、まさにカナダがとっている立場であるとして、このような「知的に堕落した対応」を非難した。

彼は、カナダがイラク戦争に反対する大きな要因として「反米感情」を挙げ、それは「馬鹿げたこと、価値のないこと」だと論じた。この証言で、「ブッシュは私の好きなリーダーではない。イラク戦争は、私としては戦いたくない戦争だ。ただし、言いたくはないが、ブッシュはもしかして正しいかも知れない」とも述べている（注5）。

カナダの高名なジャーナリスト、リチャード・グインが、米国の防衛力や経済に依存しながら国際的に「よい子」ぶるのは、「思慮に欠けた無責任」であり「偽善」だと指摘したのは、バーカソンやグラナツティンのいらだちと共通するものがある。グインによれば、九・一一テロまでのカナダは米国の防衛力や経済にますます依存する一方で、「反米」や「多国間主義」を売り物にすることができたが、九・一一テロ以降はカナダが大事にしていた価値観を曲げ、米国につくか、それとも経済的・外交的対価を払ってでも孤高に生きるか、選択しなければならなくなった、というのである（注6）。

トロント大学教授の歴史家マイケル・ブリスに至っては、カナダは米国への併合を検討すべきだと主張した（注7）。ブリスによれば、カナダとアメリカは多様性などの点で瓜二つだが、カナダには「アメリカニズムという熱烈な愛国心」が足りない。「もしわれわれがアメリカ人なら、米国の連邦議員を選ぶ選挙権をもち、米国政府に税金を払っていたら、われわれの声は（ワシントンに）届いただろう。……もし（米国という）テントの中にいたら、国境線上でアメリカ人を怒らせることの結果を気にする必要はないし、アメリカ人と同じく堂々と異見を述べる自由も大きくなる」とブリスは言う。

かつてボスニアにおける国連平和維持活動の司令官を務め、国民的に人気も高かったマッケンジー退役少将も、カナダの参戦を支持した。イラク戦争への参戦拒否は、（国連ではなく）米国がグローバルな保安官（ピースキーパー）であるという新しい世界秩序の現実をカナダ政府が直視しないゆえに起こった、というのが彼の主張であった。

参戦論への反論

グラナツティンらの参戦論や軍拡論は、多くの反論を呼んだ。たとえばピアソン自由党内閣で国防相、次のトルドー政権で副首相役をつとめ一九九五年にカナダ行動党を創設したポール・へリヤーは、二〇〇二年六月のグラナツティン論文について、「信じがたいほどのショックを受けた」という（注8）。「米国のアプローチが善かれ悪しかれ、それを受け入れる」というのがグラナツティンの「対米協力」の意味だから、というのである。そして次のように反論した。

グラナツティン氏の考えは、二つの反論可能な仮定に基づいている。ひとつは、米国の安全保障益とカナダの安全保障益が共通だということ。もうひとつはカナダが対米協調を何らかの形で「躊躇」すれば、米国は貿易の面でわれわれを処罰する方策をとるだろう、ということだ。このような仮定は、私には受け入れられない。

われわれは自問する必要がある。「共通の敵とは誰なのか」と。北大西洋条約が一九四九年に結成され、のちに北米防空（現在は航空宇宙防衛）軍が創設されたときは、双方ともソ連からの防衛を意図していた。その脅威はもはや存在せず、結果的にこれら二つとも存在意義を失った。事実、今日では、米国やカナダに対する通常の軍事的脅威はない。たしかに、米国は、その外交政策により深く傷つけられたと考える若い過激派たちからの深刻なテロの脅威に直面している。その脅威は米国の外交政策が根本的に転換されない限り（米政府の現在の思考態度からすればあり得ないが）続くだろう。テロリズムには、若干の軍事力に支えられた情報機関と警察組織が対処するのが最善である。

ガバナンス研究所（オタワ）のザカリア・S・エゼキエル代表は、グラナツティンの主張について、カナダの伝統的な外交・安全保障政策から不必要に離反するものだと、次のように批判した（注9）。

カナダの防衛・外交政策は、これまでのところ、カナダとカナダ国民を安全にする上できわめて効果的だった。……カナダは現在、あるいは冷戦終結以来、その市民やインフラに対する直接的かつ信憑性のある脅威にさらされていない。しかも、米国とのきわめて緊密な関係にもかかわらず、カナダは米国の外交政策のうち異論の多い不人気な側面とは国際的に関連づけられていない。カナダは湾岸戦争およびそれに続く一〇年間の軍事封鎖で米国と手を組み、アフガニスタンの戦争には結構大規模な部隊を派遣した。ところが、同盟国アメリカへのこのような長期的で大規模な支援にもかかわらず、カナダを内外でテロの攻撃目標にしようとは誰も本気に考えていない。

エゼキエルによれば、カナダは同盟国への強い支援と、これら同盟国の好ましくない外交政策には同意しない権利とのバランスをとることによって、自らの安全保障を確保した。もしも、「二一世紀カナダ安全保障会議（ＣＣＳ21）」の提言にしたがえば、カナダは独自の外交・安全保障政策に対するコントロールと主権を失い、国際社会で地位と尊敬を失い、ＮＡＴＯやＮＯＲＡＤで周辺に追いやられ、将来の軍事・同盟関係を維持する力も弱化する、とエゼキエルは考えた。そして、カナダはやはり国連を中心とした外交・安全保障政策を続けるべきだと論じたのである。

『トロント・スター』紙の外交問題担当論説記者ゴードン・バーソスは、「異議を唱えるのは反米か」という論説で、グラナツティンの「誤解」を指摘した(注10)。バーソスによれば、最新の世論調査はカナダ人の四四%が米国とのより緊密な関係を望み、三九%は現状に満足し、より離れた関係を希望しているのは一五%に過ぎなかった。またカナダは九・一一テロのあと、米国の反オサマ・ビンラディン作戦を支持し、アフガニスタンに軍隊さえ派遣した。すなわち、カナダ人は反米ではない。バーソスは次のように述べる。

カナダがイラク戦争への不参加の道を選んだのは、安保理が反対したからではなく、ブッシュ大統領が戦争は不可避だということについてわれわれの多くを説得できなかったからだ。大統領は、今日に至るまで、フセインが大量破壊兵器を保持していたことを証明していない。カナダ政府は戦争回避の理由として国連の強い意志をあげるが、根源的には、原則の点で考え方が異なったということだ。……もしもクレティエン(首相)が(圧力に)屈していたら、われわれは先制攻撃による早まった、そして正当化できない戦争に引きずり込まれていただろう。

ヨーク大学のジェームズ・ラクサー教授は、「目覚める時」という論文(注11)で、グラナツティンが唱えているのはカナダの「フィンランド化」だと非難した。「フィンランド化」とは、かつてフィンランド政府が主要問題でソ連の意向に追従したのを米国の専門家たちが称した言葉だという。ラクサー教授によれば、グラナッツティンは米国に対するカナダの「フィンランド化」を望んでいるというのである。

参戦拒否は的外れか

このように、カナダではイラク戦争への参戦の賛否をめぐって、九・一一テロ以降の国際情勢、対米関係、カナダ的価値観、カナディアン・アイデンティティ、カナダの主権、カナダの国際的な評価、国防力、経済などさまざまな観点から議論が展開された。

さてカナダは、「帝国の時代」「テロの時代」といわれる現在、その存在意義を失い、「的外れ(irrelevant)」な国となっただろうか。この点と関連して、『ニューヨーク・タイムズ』のカナダ特派員クリフォード・クラウス記者が、二〇〇四年九月、興味深い記事を書いている（注12）。

記事はまず、先に紹介したデビッド・バーカソン（カルガリー大学軍事・戦略研究センター所長）が、カナダの金メダル候補のハードル選手がオリンピックで失敗したのをテレビで見て、カナダが競争力のない二流国に成り下がった「カナダ症候群」の象徴だという記事を地元の新聞に投稿した、という話から始める。

クラウス記者によれば、バーカソンの見解は、カナダの多くの歴史家、外交問題専門家、有力紙のコラムニストが共有しているという。「カナダは斜陽化し、あるいは少なくとも、彼ら（歴史家や外交専門家など）の期待を満たしていない」という見解である。これらの人々は、かつてカナダはピアソン首相が国連平和維持活動の創設に貢献してノーベル平和賞を受賞するなど輝いていたのに、今ではこのような夢や野心に欠け、単に健康保険制度問題などを議論する矮小国家に堕落した、と嘆息しているという。

クラウス記者自身の分析はこうである。

国家（カナダ）の状況に関する知識人たちの愚痴は、カーリングやメープル・シロップと同様、カナダ的タペストリー（風景）の一部である。この点、こうした問答は気味悪いほど過去を連想させる。一九六〇年代、七〇年代のベストセラーは、「カナダは失敗しなければならないのか」「国家への嘆き」「沈黙の降伏」などというタイトルがついていた。多くの左翼知識人は、カナダの経済や文化が米国に飲み込まれてしまう運命にあるという説をとなえていた。ケベックとそれ以外のカナダの分裂が大きく、国家の完全な分解は不可避だと考えている人もいた。予想はどちらもはずれた。

バーカソンやグラナツティンやブリスなどは左翼知識人ではない。むしろ彼らの国防強化論からすれば、こうしたリベラルな知識人たちを「非現実的」「現実離れ」と揶揄《やゆ》する強硬な保守派とさえ言える。こうした保守派の論客たちが、カナダ的価値観の重要性を訴えるいわゆる進歩主義者たちと対照的に、米国との合併まで示唆して、米国の「ネオコン」たちとほぼ同じ目線で世界情勢を判断し、国防強化や米国支援を主張する。

かつてのリベラル知識人が論じた「カナダの斜陽化」や「カナダの主権消失」を、現在は保守派知識人が同じように論じている。「ナショナリズム」を左と右から異なる語法で語るというこの妙な構図は、超大国のさまざまな影響をもろに受けて「嫌米」と「親米」の間で揺れてきたカナダの宿命かも知れない。クラウス記者が指摘したかったのは、カナダのそういう姿だろう。

どちらもカナダの「ナショナリズム」(国のあり方や方向)を語っているとすれば、カナダは米国への吸収、米国との合体を選ぶわけにはいかないという点では一致する。米国との緊密な関係を保ちながら、いかにして米国との距離を保ち、自らの国家的アイデンティティを維持するか、それがカナダの歴史だったからである。カナダのナショナリズムは、左右を問わず、完全な米国追随を拒否するからである。

こうした観点からすると、カナダ政府が米国とイラク戦争から距離を置き、自らの信念にしたがって国際協調路線を選んだのは、賢明な選択だったと言えよう。もしバーカソンやグラナツティンが主張するように、カナダが軍備を強化し、米国主導の戦争に参加したとしても、どれほど軍事超大国・米国に対するカナダの影響力が強まるのかという点は、明らかではない。あるいは、米国が参戦を拒否したカナダに対して何らかの経済的または社会的な制裁を加え得るだろうか。万一カナダが第三国から攻撃された場合、カナダと大陸・海域・空域をほぼ共有する米国は座視できるだろうか。

クレティエン政権（およびそれに続くマーティン政権）が参戦拒否をつらぬき、国際協調主義を訴えたのは、第三章で述べたジョン・ディフェンベーカー首相以来のカナダの歴代政権がとってきた路線に沿うものであり、カナダの伝統的な外交路線と矛盾しない。逆に、カナダがもしも、正当性を欠き、国際法に触れると判断しながら米国主導の戦争に加わっていたなら、カナダは一時的にブッシュ政権の賛辞を得て、良好な対米関係を維持し得たとしても、国家的信念や外交的自主性のない、国連や国際法（法治主義）を重視しない国として、あるいは米国に従属する国として、国内世論の反発を招き、国際社会の信頼を失っていただろう。

（注1）たとえば*Canadian Military Journal*（Autumn 2003）に掲載されたPhilippe Lagasseの書評。

（注2）David J. Bercuson, "Opportunities Lost in Iraq War," *Legion Magazine*, July/August 2003

（注3）J.L.Granatstein, "A Friendly Agreement in Advance: Canada-US Defense Relations Past, Present, and Future," *C.D. Howe Institute Commentary*, No.166（June 2002）

（注4）グラナツティンは一九九六年に*Yankee Go Home? Canadians and Anti-Americanism*（『ヤンキー・ゴー・ホーム？　カナダ人と反米主義』）を書くが、その中でこう述べている。「本書は、数年前に私が手がけたときに書こうと思っていた本ではない。私が覚えている限り、私は熱心

な反米主義者であった。……ところが、本書のリサーチと執筆は私の見解を変えた」。グラナツティンによれば、カナダの反米主義は「政治的・経済的エリートたちが、自分たちの力を増大または維持するために用いた道具」に過ぎなかった。カナダ人の心理に宿る親英的態度を守ろうという保守勢力の方策だった、と言うのである。

（注5）*Ottawa Citizen*（Feb. 19, 2003）

（注6）Richard Gwyn, "Our Foreign Policy Making Us Invisible," *Toronto Star* (Feb. 3, 2003)

（注7）*National Post*（March 10, 2003）

（注8）Paul Hellyer, "NorthCom- Canada- US Military Integration," BCPolitics - BC News and Political Commentary (Sept. 2, 2004) 〈http://www.bcpolitics.ca/left_northcom.htm〉

（注9）*Zachariah S. Ezekiel*," Article Review," *The Electronic Journal of the Centre for Military Studies* (Fall 2002)

（注10）Gordon Barthos,"Is it 'anti-American' to dissent?," *Toronto Star*（Oct. 30, 2003）

（注11）James Laxer, "Wake Up Time," *Canadian Dimension*, 36:6 (Nov/Dec 2002) 〈http://www.canadiandimension.mb.ca/v36/v36_6jl.htm〉

（注12）Clifford Krauss, "Canada's Prophets of Pessimism (Is It the Weather?)," *New York Times* (Sept.29, 2004)

第六章　カナダの外交・防衛政策の基本戦略

一九九三年以来首相の座にあったジャン・クレティエンは三度の総選挙で勝利を収めるという快挙をなしとげたあと、二〇〇三年末に政界を引退し、クレティエン内閣で財務大臣として敏腕を振るったポール・マーティンが党大会で後継者に選ばれた。

マーティンは、二〇〇四年六月の総選挙で勝利を収めて首相に再任された。しかし、選挙で獲得したのは全三〇八議席中、過半数に満たない一三五議席であった。一九九三年の総選挙で二九五議席中一七七議席（保守系五四議席）、九七年に三〇一議席中一五五議席（同八〇議席）、二〇〇〇年には三〇一議席中一七二議席（同七八議席）を確保したクレティエン政権と比べると、はるかに弱体である。

とはいえ、野党の保守党（九九議席）、ケベック連合（五四議席）、新民主党（一九議席）、無所属（一議席）がイデオロギー的に分裂しているため、議席数の割には比較的安定している。しかも、これら野党の中で対米協調や防衛強化を強く主張しているのは保守党だけであり、この選挙結果によって外交・防衛政策が左右されるとは思えない。

そこで、マーティン政権あるいは自由党政権が今後どれほど継続するかは予想できないながら、同首相の所信表明や演説を通して、クレティエン政権後のカナダの外交・防衛政策を見てみよう。同時に、一部のカナダ人が懸念していた米国によるカナダへの「報復」の有無についても検討する。

ちなみに、カナダ連邦政府は、一九二一年に誕生したマッケンジー・キング政権以来、約二〇年間の保守党（または進歩保守党）政権を除いて、ほぼ自由党が牛耳ってきた。ピアソン政権、トルドー政権、クレティエン政権も自由党政権であった。リベラリズム、人道主義、社会福祉、多様性や人権を尊重する英仏二公用語政策や多文化主義政策、対米経済関係、国際協調主義に基づく自主外交などを重視する「平和・秩序・善き統治」が、その基本である。今後とも自由党政権が続く保証はないものの、国民に広く支持されてきたこれまでの外交政策が急変することは考えにくい。その意味で、本章はカナダの今後の歩みを予測する手がかりになるだろう。

不参戦・国連重視路線を継承

九・一一テロ以降のカナダの治安対策や米国との対テロ協力態勢は、すでにクレティエン政権のもとで準備されており、マーティン政権は基本的にはこれらを引き継げばよかった。イラク戦争をめぐっても、問われているのは、もはや参戦かどうかではなく、カナダがテロとの戦いやイラク復興を支援するかどうかに関心が変化した。クレティエン政権時代に冷却化した対米関係を修復する必要もあった。

マーティンは、二〇〇三年末の党首受諾演説で、米加関係の重要性を強調する一方で、「両国は多くの価値観を共有しているが、それぞれが独自に行動している」と述べて、カナダ外交の自立性を主張した。そして首相就任後も、対米関係の重要性を強調し、北米大陸防衛、国境線の警備、イラク復興などについて米国への協調姿勢を見せ、防衛予算も増やしたものの、クレティエン政権時代の政策を大きく変更することはなかった。

マーティン首相は、二〇〇四年四月末、ブッシュ大統領と会談するために訪れた首都ワシントンで講演したが、その中で、対米関係の重要性を指摘する一方で、カナダのイラク戦争不参加決意を次のように再確認している。

　わが国のアプローチを検討すると、米国の政策との利害が共通する分野が多いことがただちにわかる。（ただし）考え方が異なる分野もある。歴史的に、常にそうだった。両国の相違がカナダと米国を際立たせる一方で、両国を切り離すことはなかった。これはほんとうにすばらしい。イラクという特定のケースでは、カナダは（有志）連合に加わらなかった。それはカナダにとって正しい決断だった、と私は信じている。カナダ国民もその決断を支持した。

マーティン首相は、イラク開戦の正当性や大量破壊兵器の有無については言及しなかった。一方で、「今後進むべき道については（米加間に）何の見解の相違もない。イラク国民が国家を再建し、責任ある民主主義統治機構を確立するのを支援するため、カナダは三億ドルの援助を約束した。わが国は、すでに、ヨルダンでイラク警察を訓練している。状況が許せば、機構整備のためにもっと大きく貢献する用意がある」とイラク復興への協力姿勢を示した。

マーティン首相によれば、カナダは、パリ・クラブ（一九五六年、膨大な累積債務を抱えるアルゼンチンを救済するため、欧米債権諸国がパリに集まって債務返済の期限延長などを協議するために創設された。イラクについても、主要な債権国が債務の軽減を協議している）のパートナー諸国と協調して、七億五〇〇〇万ドルにのぼるイラクの対加債務を「帳消しにする用意がある」という。また、「国連がイラクに戻るのは早ければ早いほどいい」と述べて、（米英主導ではなく）国連主導による復興活動への支持を示唆した。

マーティン首相は、カナダのイラク戦争不参加を再確認しただけではない。首相は、軍隊を海外へ派遣するのは基本的に「（テロへの）脅威に対応する」ための「防衛的」なものだとして、「グローバリゼーション」に起因するさまざまな課題に取り組む必要性を強調し、「経済的には（グローバリゼーションの）利益は巨大であった。しかし、その利益は公平からはほど遠い。あまりに多くの国が取り残されている。多くの人々が以前よりはるかに豊かになったとはいえ、貧富の絶対的なギャップは拡大している。これを放置してはならないという点ではみんなが一致している」と指摘して、こうした貧富の差を「世界が対処すべき最大の道義的な問題」と呼んだ。

マーティン首相のこうした言葉は、かつて、シカゴの外交問題評議会で米加の共通の価値観に言及しながらも米国に多国間協調を説き、カナダのＣＢＣとのインタビューで貧しい国々とその民衆が強大国に抱く「多大な憤慨」や屈辱感に触れて世界の「現実」を直視すべきだと述べたクレティエン前首相の発言とよく似ている。

翌四月三〇日のホワイトハウスでの首脳会談後、マーティン首相とブッシュ大統領は話し合いの内容を簡単に紹介したあと、記者団の質問に答えた。質問のひとつは、大統領がイラクとの関連で（警察や軍隊の派遣を含めて）カナダに何を期待するか」というものであった。これについて、大統領はカナダが何をするかは独立国家であるカナダが「自らの判断にもとづいて……好きなようにに」決めればよい、カナダはアフガニスタンやハイチで多くのことをやっており、イラク復興にも貢献しているとして（注1）、両国が「人権、人間の尊厳、自由」といった価値観にもとづいて同じ目標を追求していると答えた。

その際、マーティン首相は大統領と一緒に記者会見に臨めるのはありがたいと語っただけで、イラク戦争に関するカナダの立場やイラクでのカナダの役割には触れなかった。ただし、前半の挨拶で、両首脳が「国家安全保障、カナダの新しい安全保障政策」のほか、「狂牛病問題、ハイチ問題など」多岐にわたることがらについて意見を交わしたことを明らかにした。

狂牛病問題とは、米国によるカナダ生牛・牛肉の輸入禁止とそれを撤廃してほしいというカナダ側の要請、ハイチ問題とは二〇〇〇年にキューバの東隣に位置する西半球最貧国のハイチで長い間続いている不安的な政情への対応を指す。ハイチに対して、カナダは国連活動の一環として警官や法律家を派遣するほか、保健、教育、地域発展などのために多額の援助をしている。

英国や日本の首相と違い、マーティンが大統領のテキサスの牧場に招かれることはなかった。

二〇〇四年九月二二日、マーティン首相は国連で演説し、「自国民を守る第一義的な責任はその国家にあり、われわれは一つの国がそうしたいからと言って別の国に介入する単独行動的な権利を主張しない。主権国家のことがらに介入するには、国際的権威を得ることが常に好ましい。極端な人道的緊急事態に国際的行動がとれるように、国際法と国際慣習の進化を期待する」と述べて、やはり国連重視の姿勢を示した。

先に紹介した「介入と国家主権に関する国際委員会（ＩＣＩＳＳ）」の報告書から引用したと思われるこの言葉は、国際法違反と批判されながら単独行動主義的な対イラク先制攻撃を行った米国への批判に聞こえる発言である。

それに続いて、マーティン首相は各国に集団虐殺罪の防止及び処罰に関する条約（ジェノサイド条約。米国は留保条件つきで批准）や国際刑事裁判所への加入を呼びかけた。首相は、さらに民間人が極端な脅威に直面する場合は、その保護のために非軍事的介入、あるいは場合によっては、軍事力行使を国際社会が認めるべきだと述べながら、それは国際社会が政治的責務を果たす意味であり、介入の口実にしてはならないと釘を刺した。また、大量破壊兵器の拡散防止についても、「国際的平和・安全保障に対する国連の基本的任務」と位置づけた。

マーティン首相は、この演説で、改めて国連を中心とする多国間協調主義こそ国際平和への道であり、カナダの外交政策の柱であることを再確認したと言えよう。

カナダの防衛政策と防衛予算

二〇〇四年一〇月五日に連邦議会で行った所信表明演説（Speech from the Throne）は、マーティン政権が取り組む課題として、まず「強い経済」、続いて「医療保険制度」「児童、介護者、高齢者」「先住民」「市町村」「環境」をあげたのち、「世界における誇りと影響ある役割」に触れた。その次にあげたのは「共通の目的のための政治」という総括的なものであり、外交・防衛の優先順位がそれほど高くないことを示唆している。

この「世界における誇りと影響ある役割」について、首相はまず政府が秋には国防、外交、開発、貿易を包括する内容の「国際政策レビュー」を公表することを明らかにし、広く国民に意見を求めた。

その上でカナダが直面する外交問題について、二〇〇四年四月に国家安全保障政策〝Securing an Open Society : Canada's National Security Policy〟（注2）によってカナダの「開かれた社会」を安全にするための措置をとったこと、また大きな人災危機に備えて米国との相互支援の協力関係を深めているとして、次のように述べた。

この新しい状況により、われわれは対米関係を賢明に管理し、われらが友人（米国）をよりよく知り、経済・安全保障関係を強化する必要が出てきた。両国の関係は、共通の価値観、相互尊重、そしてカナダの強くかつ独立した声に基づかなければならない。

首相は、「カナダ、北米、そして世界にいるわれわれ（カナダ人）」を守り、「世界で地位を得る」必要性を説いたが、同時にカナダが強大な軍隊をもつことはあり得ず、それは「機能的、戦略的、特定的（focused）」なものになるだろうと述べた。また平和維持活動への必要性が高まる中で「カナダの兵士たちが平和を創建し、外交官が平和を交渉し、援助ワーカーたちが平和を育成する」役割を演じるべきであるとの決意を表明した。そのために、カナダは兵力を五〇〇〇人、予備役を三〇〇〇人増員することを明らかにした。

さらに、アフリカなどで地域的平和維持隊を訓練し、またカナダ国内における多文化主義や人権促進の伝統を活かして法の支配が崩壊している地域における貧困・絶望・暴力への対応（人間の安全保障）にも取り組む姿勢を示した。そうした活動は、新たに設置される「カナダ（平和）部隊(Canada Corps)」が担う。かつて、ケネディ大統領が世界各地に派遣した「平和部隊(peace corps)」を想起させるこの部隊は、若者の意欲とエネルギーを通じてカナダの「理想主義」を世界各地に届け、またさまざまな年齢や背景をもつ専門家（行政、保健、経済、人権など）を世界平和のために活用するのが目的だ。

2005年2月の予算書による年度ごとの防衛費支出計画（増額分）

出典／カナダ政府財務省

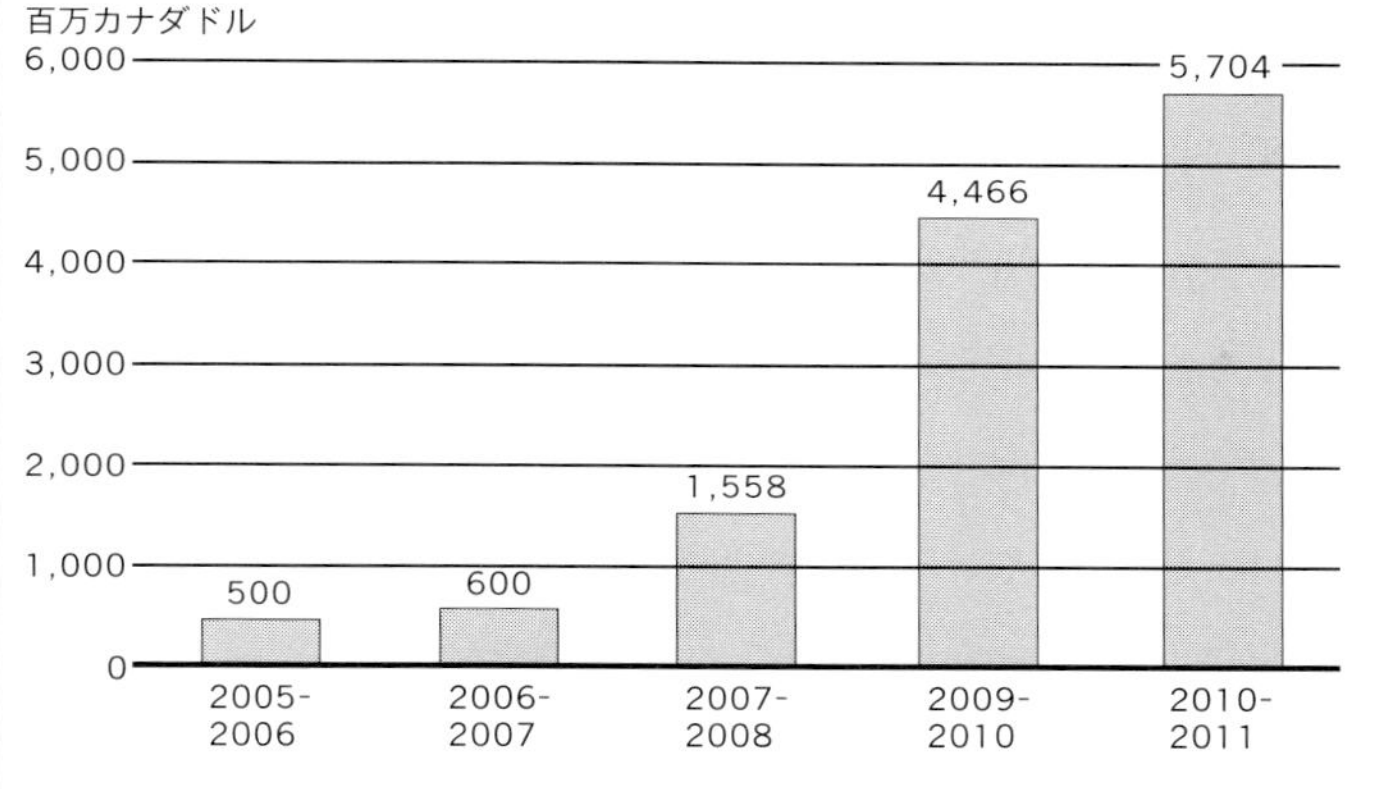

マーティンは、二〇〇四年六月の組閣に当たって、クレティエン政権でカナダのイラク戦争参加と国防費の引き上げを支持し、二〇〇三年一二月に国防大臣に登用していたデビッド・プラットを続投させた（プラットは〇四年六月の選挙で落選したため、マーティン首相はビル・グラハム前外相を後任に選んだ）。その後、政府はアフガニスタンでの軍事支援継続やＮＯＲＡＤ協定の更新、ミサイル防衛計画参加に向けた米国との協議開始、カナダ軍の増強などを決定したが、上記のマーティン発言が示すように、二〇〇四年一〇月現在、イラク戦争支持へ舵を切ることはなかった。

ただし、政府は、二〇〇五年二月に発表した新予算書に、向こう五年間の防衛費として一二八億カナダドル（約一兆一〇〇〇億円）を上乗せした。ちなみに、カナダの二〇〇四年度の国防予算は約一兆円で、日本の「防衛関係費」（二〇〇四年約四兆九〇〇〇億円、〇五年度の要求額は約五兆円）のほぼ五分の一に相当する。カナダの予算案は五年単位で組まれており、前ページの表が示すように、上乗せ分は、二〇〇五〜〇六年度に五億カナダドル、次年度以降は六億カナダドル、一六億カナダドル、四五億カナダドル、五七億カナダドルという額になっている。これが実現すれば、今後五年間の防衛予算は過去一〇年間で最大規模となる。

防衛費増額により、政府は常備兵力を五〇〇〇人、予備役を三〇〇〇人増やすほか、訓練の強化やヘリコプターなど装備の近代化を通じて、カナダ軍の対応能力を高めることになる。

これに加えて、国防省には、アフガニスタンでの戦費など二〇〇四年から持ち越された二億七〇〇〇万ドルのほか、予期できない事態に備えるための予備費として三億ドル強も割り当てられる。

途上国に対する対外援助と債務救済も、今後五年間を通じて三四億ドルと大幅に増額されることになった。ただし、そのうち二〇〇五年度分は一億ドルで、大半を占める二三億ドルは二〇〇八年以降に回される。したがって、二〇一〇年には、カナダは対外援助額を国内総所得比〇・七%に引き上げるというピアソン首相が約束した目標を達成する可能性が強い。このうち、五億ドルが地球平和・安全保障イニシアチブを支援するために使われる。また、援助が効果的に利用されるよう、対象国も絞られるという。カナダは特にアフリカへの支援を重視している。

そのほか、国境警備や五大湖防衛を含む国内安全保障の強化のために、一〇億ドルが計上された。

以上が防衛、対外援助、国内安全保障に関する予算のあらましだが、これは予算の最重要項目ではない。予算案が最初に挙げているのは、医療保障・社会保障・早期教育・児童保育・先住民生活支援などの社会基盤の充実、経済の活性化（人的投資、技術開発、地域開発など）、地球温暖化防止などの環境保護策である。

米国のミサイル防衛システムには参加せず

ラルフ・グッデール蔵相が予算書を連邦下院に提出した翌日、マーティン首相は米国のミサイル防衛（ＭＤ）構想への不参加を正式に表明した。「自国と自国民を守る米国の権利は尊重する。しかしながら、ＢＭＤ（大陸間ミサイル防衛）は、われわれが努力を集中させる分野でない。われわれとしては、昨日の予算書で概説した防衛政策に関して単独で、また近隣諸国と協力して行動する」と述べたのである。

マーティン政権にとって、これはイラク戦争不参加に続いて米国の不興を買う決定であった。事実、セルーチ駐加米国大使は、ミサイルがカナダ上空を飛来して来た場合、米国は「北米大陸」を防衛するため、単独ででもそれを撃ち落とす決定を下す、と言明した。その直後、ゴンドリーザ・ライス新国務長官が予定していたカナダ訪問をキャンセルしたのも、米国政府の「失望」の深さを示していた。

しかし、マーティン首相は、北米大陸の安全保障とカナダの主権維持に不可欠な北米航空宇宙防衛機構（ＮＯＲＡＤ）への支持はゆるがない、ミサイルの追跡はこれまでＮＯＲＡＤを通じて行ってきたし、二〇〇四年にはその合意をさらに強化する旨、両国間で確認した、とも述べていた。またマーティン首相は、以前から、地上からの対ミサイル攻撃は支持するものの、「宇宙の軍事化」には反対する立場をとっていた。

今度の決定については、宇宙空域に対する「カナダの主権を（米国から）守る」ためだとも説明したが、背景にＭＤ構想参加への過半数の国民の反対と、政権維持のためには構想に強く反対してきた左派・新民主党の支持が必要、という政治的事情があったものと思われる。

米国からの「報復」はあったのか

先に紹介した「カナダ二一世紀安全保障会議」のグラナツティン議長は、イラク戦争開戦直後、「帝国の報復」と題する論文で、「はっきりさせよう。米国は、これまでになくカナダに対して怒っている。イラクのごたごたが落ち着き次第、米国は報復に出るだろう。平和の塔（カナダ連邦議会の尖塔）にトマホーク・ミサイルを飛ばすとか、国境線を完全に閉鎖することはしないだろうが、（今後）ホワイトハウスから、あるいは米国政府の手の届く範囲内からカナダが何らかの便宜的計らいを受けることはないだろう」と、米加関係の悪化を予測した(*National Post*, March 26, 2003)。では、カナダはイラク戦争に加わらなかったことによって、米国からどのような「報復」を受けただろうか、あるいは受ける可能性があるだろうか。また両国の関係は悪化する恐れがあるだろうか。

確かに、米国やカナダのメディア、あるいはインターネットによれば、米国を支援・応援しないどころか、ブッシュ政権を批判さえしたカナダ政府や多くのカナダ人の対応について、米国人や一部のカナダ人の間で、友邦とは思えないという非難が飛び交った。「カナダよ、大人になれ」という声もあった。テロの脅威が高まる中で、必ずしも米加間に特有のものではなかったが、両国の国境を越えて互いに訪問する人々の数も減少した。相互貿易も若干減った。

ブッシュ大統領は、二〇〇三年五月に予定していた最初のカナダ公式訪問（大統領は、連邦議会で演説するほか、カナダ政府とエネルギー問題について協議することになっていた）をキャンセルした。その理由は「イラク問題で多忙なため」と説明されたが、カナダでは、大統領がイラク戦争へのカナダ政府の対応に不満を抱いていたためとの憶測も流れた。

また、同年一二月には、ホワイトハウスがイラク復興のための主要契約を六三カ国、すなわち「米国、イラク、有志連合諸国、および兵力を提供している諸国」の企業に限定すると発表し、そのリストから安保理メンバーであるフランス、ロシア、中国に加えて、ドイツやカナダ企業を除外した。戦争には反対したものの、イラク復興にはおよそ二億ドルを貢献していたカナダにとって、大きな驚きであった。ジョン・マンリー副首相は、「カナダ国民の税金から復興資金を受け取りながら、カナダ企業を除外することに国民は納得できない」と不快感を示した。

しかし、ゴンドリーザ・ライス大統領補佐官（当時）は、二〇〇四年初め、カナダをイラク復興の契約対象として考慮する可能性を示唆した。マーティン首相がブッシュ大統領と首脳同士として初めて会ったのは、二〇〇四年一月、メキシコで開かれた米州首脳会議の際であるが、そのときの記者会見で、イラク戦争へのカナダの戦争不参加について質問を受けたブッシュ大統領は、「(両国関係が) 凍結したとは、私は考えていない。人々が私の下した決定に同意しなかった理由は理解している」と述べ、両国の関係が正常であることを強調した。そして、復興契約からのカナダ除外について、次のように述べたのである。

私は、今朝、マーティン首相との電話で、……カナダには契約に関して真剣な考慮が払われるだろう、と告げた。……カナダはマドリード会議を強く支持してきた。カナダはイラクの成功、イラクが自由になることを期待している。……そのカナダは、今や、第一ラウンド復興計画に下請け契約をする資格がある。第二ラウンドでも、カナダは有資格だ（注・マーティン首相の説明によれば、第二ラウンドでは、カナダのすべての建設契約だけでなく建設以外の「サービス契約」にも参加できるという）。

メキシコにおける首脳会談では、狂牛病問題や（テロリストなどの国外退去にからむ）パスポート問題などについても話し合っている。記者会見でこれらの問題について尋ねられたブッシュ大統領は、次のように述べて、両国の関係が「特別」なものであることを強調した。

カナダと米国は、時間単位で重要な交流があるという事実が示すように、特別な関係をもっている。国境はにぎやかで、経済関係は活発だ。（関係が）特別なのは、両国が価値観を共有し、長い国境線を共有しているからだ。

狂牛病問題については、両国間で生牛や牛肉が日常的に取引されている状況に触れて、協調態勢の重要性を指摘した。

二〇〇四年三月一四日、ワシントンで開かれた米加ビジネス会議で講演したロジャー・F・ノリエガ米国務省西半球担当次官にいたっては、カナダを批判するどころか、「カナダと米国は深い、緊密で、永続的な関係を共有している。われわれは単に隣人であるだけでなく、友人であり家族である。われわれの利害に影響する幅広い争点について緊密に協議する。そして、ちょうど親しい家族同士の間にもあるように、ときには意見を異にする。残念ながら、軟材、対テロ戦略、狂牛病などが取りざたされるが、……全体的な関係は建設的、協力的で、緊密だ」と米加関係を称賛した。しかも、イラク問題については、「カナダは有志連合の一部ではなかったが、戦後復興には巨額の資金を拠出している。カナダ海軍はその戦艦の大半を、中東地域における対テロ戦争を

2004年11月、カナダ大西洋岸のハリファクスで人々に手を振るマーティン首相（右）とブッシュ大統領（写真／Dave Chan, Prime Minister's Office）

支援するため、少なくとも一度は展開させた」として、非難の一言も口にしなかった。

カナダのイラク戦争不参加が、ブッシュ政権や一部のアメリカ人を怒らせたであろうことは、容易に想像がつく。しかし、米国はカナダに経済制裁を加えなかった。カナダとのNORADやミサイル防衛を中心とする軍事同盟を解消する、あるいはカナダとの軍事的な相互運用を廃止するという措置もとらなかった。

二〇〇四年一一月末には、大統領選挙で再選を果たしたばかりのブッシュ大統領が、カナダの首都オタワと大西洋岸のハリファクスを訪問した。オタワでは、大統領公式訪問の際の通例となっている議会演説こそしなかったものの、対カナダ制裁を唱えることはなかった。むしろ、大統領が関係修復のために訪加したという印象さえあった。

共同コミュニケはテロとの戦い、大量破壊兵器拡散の防止、中東における民主主義と平和の建設への協力には触れたものの、イラクには一切言及しなかった。カナダにイラクへの軍隊派遣を期待していなかった大統領が、あえて支援を要請しなかったということだろう。

イラクについては、大統領が記者会見で「もっとも近しい友人でもときには意見が違うこともある。われわれは二年前、イラクにおける行動について同意しなかった。しかし、前進するために何をしなければならないのかについては意見の違いはない。われわれはイラク国民が自分たちの国を安全にし、自由で民主的な社会を築くのを手伝わなければならない」と述べただけである。

ハリファクスでは、大統領は九・一一テロの際にカナダの人々がアメリカ人を含む多くの旅行者を自宅に宿泊させたことに謝意を表し、両国の貿易関係のさらなる強化に努力すると告げた。また「国連や他の（多国間）機関の目的は果てしない議論ではなく、集団的安全保障である」と述べたが、新政権の三大目標のひとつに「効果的な多国間・多角的機関の構築と効果的な多国間協調行動の支援」を挙げた。他の二つは、「テロとの戦い」と「民主主義の促進」である。

同年一二月には、ブッシュ政権はカナダが求めていた牛の輸入禁止を取り下げる決定さえ下した。米農務省は生後三〇カ月以下の生牛を翌年三月から輸入を再開することになった。しかし、米モンタナ州の裁判所が翌年二月、全国農業者連盟から提出されていたカナダ産生牛輸入の暫定差し止め請求を承認したのに続いて、米上院が五二対四六で農務省の決定に異を唱えたため、〇五年五月末の時点では輸入は再開されなかった。

〇五年一月末に実施されたイラクの総選挙には、カナダは文民で構成する監視団を派遣した。同年三月末には、マーティン首相はメキシコのフォックス大統領とともに、テキサス州ワコでブッシュ大統領と会談した。カナダ同様、メキシコも米国と緊密な経済関係をもっているにもかかわらず、イラク戦争には加わらなかった。会談は、イラク戦争をめぐって冷えていた三国間の関係を改善・強化するためのものであったと考えられる。

三国首脳は「北米の安全保障と繁栄」と称する協定を締結し、国境警備の強化やテロとの共闘、北米自由貿易のさらなる発展を強調した。しかし、会談ではむしろ米国のカナダ牛輸入再開やカナダ産軟材への課徴金、米国産のコーンシロップなどで作られているソフトドリンクに対するメキシコの高い関税、メキシコから米国への麻薬密輸や不法移民などが重要な話題になったものと思われる。

かつてトルドー首相は、米国（経済）が風邪を引けば、カナダ（経済）は肺炎にかかると述べたが、米国がカナダから資本を引き上げ、カナダからの輸入を減らし（あるいは国境警備を強化することによって物流を妨害し）、カナダの工場を閉鎖すれば、カナダ経済はひとたまりもなく崩壊してしまうだろう。

しかし、経済関係は一方的なものではない。もしも米国がカナダに何らかの経済的な制裁をすれば、それはカナダに投資し、カナダの子会社を通じてカナダ産品を輸入し、カナダ市場に輸出している米国企業そのものの首を絞め、ひいては米国経済に悪影響を与えることになる。米加間で一体化している自動車産業が典型的な例だ。これほどまでにカナダの資源（とりわけエネルギー資源）や子会社に依存している米国が、カナダを経済的に制裁することがあり得ようか。カナダにとって米国は不可欠であるが、米国にとってもカナダは必要な存在なのである。カナダは、米国にとっていわば自分の体の一部と言ってもよいだろう。

沿岸や空（宇宙）の警備、不法難民や犯罪者、テロリストなどの国境通過、空気や河川の汚染防止、森林保護、渡り鳥などの生物保護、伝染病の拡散防止など、両国が協調して取り組まなければならない課題も多い。

加えて、イラク戦争への賛否は別として、カナダ人とアメリカ人はきわめて密接な関係にある。多くのカナダ人やアメリカ人が頻繁に互いの国を訪れ、相手国の企業に就職し、相手国の人と結婚する。アメリカ人がカナダの新聞やテレビを見ることは少なく、カナダから南下する寒冷前線やアイスホッケー競技以外にカナダに関心を向けることはあまりないが、カナダとは地理的のみならず、歴史的、社会的、文化的に強い絆で結ばれていることは知っている。多くのアメリカ人にとって、カナダ人は「単なる外国人」ではない。

このように深い（特別な）関係で結ばれているカナダに対して、米国が制裁措置をとり得るだろうか。確かに、ディフェンベーカー首相は総選挙で敗北に追い込まれ（一四八～一五一ページ参照）、ピアソン首相は大統領に胸ぐらをつかまれ（一五二～一五三ページ参照）、トルドーはニクソン大統領やレーガン大統領を不快にさせた（一五三～一五五ページ参照）。しかし、両国の関係はそれでも発展し、緊密の度を加えてさえいる。米国がカナダに制裁措置をとるとは考えにくい。米国にとって、何があろうとも、カナダは長期的・運命的な絆で結ばれた弟分のような国だからである。

新しい国際政策の柱

マーティン首相は、〇四年一〇月の所信表明演説で約束した「国際政策レビュー」を翌〇五年二月、「外交」「防衛」「開発」「通商」の四項目からなる「カナダの国際政策声明——世界における誇りと影響の役割」（注3）として発表した。

マーティン首相がこの文書の巻頭で次のように述べていることが、政権の対米観や対世界観をよく示している。

マーティンによれば、カナダの目はここ何十年もの間、内政に向けられ、「軍隊、国際援助、国際的外交プレゼンス」に対するそのコミットメントは衰退してきた。しかし、世界が急速に変容し、国際テロだけでなく伝染病、気候変化、水産資源減少といった脅威にさらされ、また次々と新興国が影響力を示しつつあるなかで、カナダはかつてその国際的性格を形作った「行動主義」に立ち戻って、影響力や競争力を発揮して世界的な責任を果たす必要がある。

そこで、「世界における独立した誇りある声と影響力」を再建する必要がでてきた。それを、防衛・安全保障、国際支援、国際貿易を通じて実現したい、というのである。

マーティン首相が第一にあげるのは、カナダの安全保障、繁栄、暮らしやすさがかかっている米国との「共通の目標に基づく強力で生産的な関係」である。しかし、それは米国への隷属を意味しない。首相は言う。

世界唯一の超大国と隣り合わせに住むことは、カナダ人に（対米）友情への誇りとともに、世界において自らの道を進むという決意を植え付けた。われわれは北米大陸そして世界における多くの目標を共有しているが、われわれの社会は異なる。われわれの視点とわれわれの価値観はときどき分岐する。もっとも近しい友人でさえ、それぞれの違いを持つのは当然だ。事実、カナダは常に独自の道を選んできたし、今後ともそうし続けるだろう。

より広く言えば、北アメリカに位置するカナダ、米国、メキシコはそれぞれ独特の課題に直面しており、それぞれの視点で世界を見ている。ただし、二一世紀においてますます明らかになっているのは、北アメリカ全体に影響する課題が増えているということである。これらの課題は、主権国家としての相違を尊重しつつ、この大陸における隣国としての強い相互依存性を認める解決を求めている。

北米大陸を共有する国として米国（およびメキシコ）と協調するものの、カナダは米国とは異なる国・社会として、その自立性は譲れない、というメッセージが込められている。

首相の序文に続いて、「国際政策声明」は四つの項目について、より詳しく説明する。

この中の「外交」でもっとも重視するのは、①米国（およびメキシコ）との協力関係を再活性化し、②破綻国家（および破綻しつつある国家）、テロリズム対策、組織暴力、大量破壊兵器の拡散といった問題に取り組んでより安全な世界を育成し、③環境や健康などのグローバルな問題に取り組む新たな多国間協調主義を促進し、④二国間関係を再調整し、中国やインドを中心とするアジア、ブラジルを含む中南米、ＥＵ、中東、アフリカなど、北米を超える新たなネットワークを構築する、といったことである。

米国中央情報局（ＣＩＡ）国家情報協議会（ＮＩＣ）が〇四年末にまとめた報告書『世界の将来を展望する』は、二一世紀は中国とインドを中心とするアジアの世紀になると予測した。カナダの新外交政策も、米国だけでなくこうした新興経済大国を重視しながら多国間協調路線を歩む姿勢を示したものであろう。

「防衛」については、カナダ軍の三大目的を、引き続き、カナダ国民の保護、米国との協力による北米防衛、国際的な平和・安全保障への貢献と規定する。ここにも、ＮＯＲＡＤを中心とする対米防衛協力と、国連やＮＡＴＯなど国際機関を通じたマルチラテラリズムとの組み合わせが見られる。拡張された軍備は、とくに国際的な平和維持・平和構築活動に役立てるという。

カナダ国際開発庁（ＣＩＤＡ）が担当する「開発」は、アフリカの最貧諸国を中心に展開される。「通商」では、外交と同様、対米関係を重視しながら、中国、インド、ブラジル、ＥＵ、日本との貿易・投資・技術交流の促進を図る意向である。

両国の間には、違いを認めつつ協調する、という歴史がある。さすがに、カナダの首相が米国大統領の胸ぐらをつかむことはなかったが、カナダが米国を不快にさせてまで自らの国家的アイデンティティあるいは国益を守ろうとしてきたことは何度もあり、米国は主権国家としてのカナダのそうした対応に寛容であった。

これまでの議論から推察できるように、カナダが対米一辺倒あるいは国際協調主義一辺倒のどちらかに傾くことはないだろう。カナダは、これからも、自らの国際的アイデンティティと米国との共存・共栄関係を保ちつつ、国連を中心とした国際協調主義を守り続けるに違いない。そのバランス感覚こそが、米国という圧倒的な存在のもとで自国の主権と独自性を堅持する道だからである。

（注1）二〇〇三年一〇月二三・二四の両日、マドリードで開催されたイラク復興に関する主要国大蔵大臣会議で、米国は国際社会に五五〇億ドルと見積もられるイラク復興支援を要請した。カナダを代表して出席したスーザン・ウェーラン国際協力大臣は、カナダが「イラク国民の緊急ニーズに応え、同国の経済的・社会的インフラを再建し、安全確保や政治改革を助け、イラクが中東で責任ある役割を果たせるようにするため」、すでに三億ドルの対イラク復興援助を約束しているほか、イラクの社会整備のためユニセフに四〇〇〇万ドルを援助すると述べた。

（注2）Canada. Privy Council Office, *Securing an Open Society : Canada's National Security Policy* (Ottawa: Her Majesty the Queen in Right of Canada, 2004). 次のウェブサイトにも掲載されている。〈www.pco-bcp.gc.ca〉

（注3）Department of Foreign Affairs, *Canada's International Policy Statement: A Role of Pride and Influence in the World* (Ottawa; Her Majesty the Queen in Right of Canada, 2005). 次のウェブサイトにも掲載されている。〈www.international.gc.ca, www.acdi-cida.gc.ca〉

日本はカナダから何を学ぶか
――あとがきにかえて

経済的・軍事的に米国に大きく依存しているカナダが、「世界唯一の超大国」とも「軍事帝国」とも称される友邦にいわば「反旗」をひるがえした。米国のイラク侵攻から二年以上たち、政権がクレティエン首相からマーティン首相に代わった後も、この姿勢に大きな変化はない。本書は、米国と北米大陸を分かつ、日本と比べて歴史的・経済的・社会的・軍事的・文化的に米国とはるかに密接なカナダが、いかなる理由で米国のイラク戦争に加わらなかったのかを明らかにした。

基本的には、超大国であろうと――いや、超大国だからこそ、法の適正な手続き（due process of law）にしたがって行動すべきだ、というのがカナダの立場であった。世界は、軍事超大国・米国の報復と力の論理ではなく、できる限り国連に象徴される国際法に沿って行動すべきである。そのため、カナダは、国連安全保障理事会の支持を中心とする国際協調主義に立ち返るよう米国への説得を試み、「大量破壊兵器」査察にもう少し時間的余裕を与えた方がよいという提案さえした。しかし、カナダの意向は無視され、米英は戦争に突入した。多くの人的・物理的破壊をへて大混乱が訪れ、イラクだけでなく世界各地の人々がテロにおびえるようになった。

日本では「集団的自衛権」を行使すべきかどうか、が議論になってきた。ところが、日本が問題にする「集団自衛権」というのは、カナダの「国際協調主義」とは似て非なるものである。カナダも「集団自衛権」を認めている。しかし、それは、「国際協調主義（マルチラテラリズム）」の一環に過ぎない。国際協調主義は、軍事に偏らず、「人間の安全保障」、「軍縮」、戦争犯罪を裁く「国際刑事裁判」、難民救済、人権保護、医療支援、環境保護などを含むからだ。ところが日本が「集団自衛権」を云々する場合、それは通常、日米安全保障条約のもとでの「二国間協調主義（バイラテラリズム）」のための軍事活動を意味し、近隣諸国やカナダあるいはヨーロッパ諸国との協調は視野にない。イラク戦争で日本が国連より米国との協調を優先させたことが、それをはっきりと示した。国際刑事裁判所にも、米国と同様、未加盟のままだ。

本書の執筆を終えた二〇〇五年五月という時点から振り返ってみれば、たとえフセインが大量破壊兵器の開発・所有を疑われる悪逆無道の独裁者であったにせよ、圧倒的な軍事力とメイフラワー号到着以来の選民神話を背景に、血気にはやり国連や国際世論を敵に回してまでイラク攻撃を仕掛けたブッシュ政権の米国より、マルチラテラリズムと国際法の尊重を訴え続けたカナダ政府の方に「正当性」があったことは明白だろう。

米国は、テロの目標にされて興奮していたとはいえ、かつて世界中の羨望の的になっていたソフトパワーではなく、先端技術を駆使したと豪語するその巨大な戦闘能力に頼る道を選び、結果的にはイラク国民だけでなく、盟友・英国を含む世界の多くの国や人々の反感を招いてしまった。米国は、富と自由の憧れの的から、まるで鬼の形相をした恐れられる国へと変貌した。

その意味で、「人権と正義の促進、環境悪化の防止、貧困の軽減、グローバルな開発と人的安全保障の促進――こうしたことは、多国間の協議と交渉を通じてのみ可能である。国連こそは、唯一の地球規模のフォーラムなのだ」というカナダ外務省の言葉は重い。

▨突出している日本の対米追随

イラク戦争に対するカナダの行動は、日本に多くの教訓を残した。「独立した主権国家として、われわれはときに意見が合わなくても、よき友人でいられる」というクレティエン首相の言葉(三八～三九ページ参照)は、そのひとつであろう。第二次世界大戦後、軍縮を続け、明らかに米軍の傘の下にあるカナダが、「主権」を主張して自主的な外交方針を維持し、スカンジナビア諸国などとともに国連平和活動に熱心で国際協調路線にこだわっていることも、学ぶべき点であろう。

カナダは、「人間の安全保障」をかかげ、難民救済、人権擁護、対人地雷禁止、国際刑事裁判所の創設にも率先して取り組んできた。国連分担金や政府援助は米国や日本にはるかに及ばないものの、国際的評価の点では日米に負けていない。

日本では、一部の政治家や評論家が国際協調による解決を呼びかけるどころか、「非力」な国連を嘲笑し、あくまでも強大な同盟国・米国との協調を最重視すべきだという声が絶えなかった。そして実際、日本政府はブッシュ政権のイラク攻撃を支持し、自衛隊をイラクに派遣しただけでなく、米国が攻撃の根拠とした大量破壊兵器の存在やフセイン大統領とアルカイダの関係が否定されたあとも、「フセインなき世界はより平和になった」という大統領の戦争正当化論をオウム返しのごとく繰り返してきた。

日本も対米外交と国連中心主義を旗印にかかげてきた。しかし国連専門家の最上敏樹によれば、日本は、第二次大戦後は対米協調（あるいは追従）路線をとったが、一九五六年の国連加盟後は国連中心主義を掲げ、一九六一年の日米安全保障条約改定の後は日米二国間主義に戻りつつも時折は多国間主義に同調した行動をとり、九〇年代以降は「二国間主義に本格的に転換」した（前掲「だれが国連体制を立て直すか――多国間主義に背を向けてきた米、日本」）。

愛知大学の河辺一郎が『国連と日本』（岩波書店）などの一連の著書で日本の国連外交を詳細に検証しているので、彼の研究を参考にその軌跡を見てみよう。日本がカナダと違い、なぜブッシュ政権のイラク戦争を支持したのか、浮き彫りになるはずである。

国連における各国の投票行動を詳しく調べた河辺は、たとえば、一九七〇年代から八〇年代を通じて、米国は国連の多くの議論において突出して反対率が高く、「米国（は）反国連（反国際的合意）であり、その対応に国際社会が苦慮した」。日本は、その米国と国連でほとんど同じ行動をとってきた。「このような動向を示す国は他に例がなく、西側諸国の中で比較しても特徴的である」と河辺は結論づける。米国が反対する問題については、日本は反対に回らなくても、「棄権」することによって結果的に米国に同調してきたという。

しかも、河辺によれば、国連で核軍縮が論じられていたころ、「反核という日本の国是」さえ「歪められ」ていった。核兵器不配備決議、核兵器の不使用・核戦争の防止決議、核軍備の凍結決議、核戦争非難決議……に反対し、「核問題を中心に、日本は軍縮に対する否定的姿勢を強め」ていった。スウェーデンをはじめ、オーストラリア、ニュージーランド、英国などが賛成に回ったにもかかわらず、である。河辺の言葉を借りれば、「他のことには賛成しなくとも軍縮には賛成する国だった日本が、他の問題以上に軍縮に賛成しない国に変わった」のである。河辺が指摘するように、日本のこうした対応は米国の意向を汲んだものであった。

▨「核兵器は違法とは言えない」

国際司法裁判所（ＩＣＪ）は、一九九六年、核兵器を違法と勧告するかどうか検討したが、日本は核保有国の米英仏とともに、違法とは言えない、という立場をとった。その後、ＩＣＪ判事を務めた小田滋は、「勧告的意見に反対するだけでなく……一四人の判事の中でただ一人……いわゆる門前払いを主張した」。

その理由のひとつは、一九九四年に国連総会がＩＣＪに勧告的意見を求めたのが、「一部のＮＧＯが推進してきた（核兵器の絶対的な違法性という）考えに端を発しているという印象を与える」、ということにあった。一四人の判事の中で、小田に同調する人はいなかったという（河辺『日本外交と外務省――問われなかった〝聖域〟』高文研）。

「死刑廃止条約」には反対

人権問題への日本の対応について、河辺は南アフリカやチリなどの例をあげた上で、次のように総括する。「まず、相手国における自国の経済権益を最優先し、そのためにそのときの政権を支援する。この場合人権は考慮されない。いわゆる反共政策がその行動の理由に挙げられることもあるが、冷戦が大きな影響を及ぼしていない場合でも、また冷戦終焉後もこの姿勢に変化はない」。

人権条約については、日本がイニシアチブをとることはなく、それどころか、採択時の反対・棄権数は最多で批准数は最少。死刑廃止条約に先進国のなかで反対したのは、日米二カ国だけだったという。

カナダは一八九二年から一九六一年まで、あらゆる殺人に対して絞首刑を課していたが（婦女暴行は一九五四年、未成年による犯罪は五六年に死刑対象外となった）、六一年に殺人を死罪と非死罪に相当するものに分類した。その後、死刑を公務中の警官および刑務所護衛官の殺害に限定し、さらに七六年には死刑をほぼ全面的に廃止して終身刑に置き換えた。唯一残っていた国家反逆罪に対する死刑も、九八年に廃止された。殺人事件は、一九七六年以降、増えるどころか、一〇万人当たり二・八件から下降の一歩をたどり、九八年には一・九件、二〇〇三年には一・七件に下がった。

▨戦争犯罪人を裁く国際刑事裁判所を批准せず

カナダが積極的に創設を推進した国際刑事裁判所（ＩＣＣ）について、日本はどのような態度をとっただろうか。クリントン米大統領は同裁判所の設立を支持し、ローマ規程に調印した。ただし、それは（米国が拒否権をもつ）安保理によって権限が与えられる、という条件つきだった。その後、「（戦争犯罪に対しては）軍事行動の脅威が最も効果的な抑止であり」、ＩＣＣはこうした米国の能力を阻害してしまう、あるいは米国軍人が訴追される可能性がある、などのより明確な反対論が浮上した（河辺『国連政策』日本経済評論社）。そしてブッシュ政権がローマ規程から脱退したのは周知の通りである。

この規程は二〇〇二年四月に批准国が六六国に達したことを受けて、同年七月に発効し、ＩＣＣは正式に発足した。二〇〇四年九月末現在、カナダ、英国、ドイツ、イタリアなどを含む九七カ国が批准しているが、日本は米国、ロシア、中国などとともに批准していない。批准していない理由を、日本外務省は二〇〇二年六月のホームページで次のように説明している。

日本は、国際社会における最も深刻な犯罪の発生を防止し、もって国際の平和と安全を維持する観点から、国際刑事裁判所（ＩＣＣ）の設立を一貫して支持し、その実現に向けて努力してきています。一九九八年のローマ会議においても、日本は、ＩＣＣ規程採択のため積極的な貢献を果たし、各国より高い評価を得ました。

ＩＣＣ規程の締結については、政府としては現在、同規程の内容や各国における法整備の状況を精査するとともに、国内法令との整合性について必要な検討を行っているところです。

現在ＩＣＣ設立に向け、これまでニューヨークにおいて準備委員会の会合が九回にわたり開催されており、……日本も……今後ともＩＣＣの設立に向けた作業に積極的に貢献していきたいと考えています。

こうした言葉にもかかわらず、二〇〇四年末にＥＵとＩＣＣから代表が日本政府に規程を締結するよう説得したが、政府は応じなかった。二〇〇五年現在、日本は依然として批准を果たしていない。日本が最大の同盟国と位置づける米国の意向に沿った対応としか思えない。

▨消極的だった「対人地雷全面禁止条約」への調印

オタワ・プロセスの結果実現した対人地雷全面禁止条約には、「アメリカなども調印しない方針であったことから、日本政府は調印しない方針を固めていた」（前掲、足立研幾『オタワプロセス』有信堂）。一九九七年九月に外務大臣に就任した小渕恵三がこの方針に異議を唱えてから、政府も「土壇場で……条約調印を決断し」（同前）、地雷全廃に抵抗する防衛庁を説得して、カナダやオーストリアなどとともに同年一二月三日に調印を果たした（翌九八年九月に批准）。

日本としては、米国が調印しない中での〝勇断〟であったが、ここでも米国の意向を無視して対人地雷全面禁止条約の実現に向けて指導力を発揮したカナダと、ダイアナ妃やネルソン・マンデラ南アフリカ大統領、ローマ法王などの対人地雷に対する発言や活動、NGO地雷禁止国際キャンペーン（ICBL）のノーベル平和賞受賞決定などによって盛り上がった国際世論に促されて調印に追い込まれた日本との対照を見ることができる。

▨難民を拒否する国

難民についても、日本は一九八二年に難民条約（一九五一年の難民の地位に関する条約）に加入し、外務省も「難民問題は現代社会の重要な問題となっているといえます。難民とは、簡単に言えば紛争・災害によって本来の居住地を離れざるを得なくなった人々のことです」と「理解」を示し、また一〇年間にわたり国連難民高等弁務官を務めた緒方貞子の活躍が賞賛される一方で、インドシナ難民の受け入れ以外、実績を残していない。

それどころか、ＧＤＰ世界第三位の日本の受け入れ人数は先進国の間では最低で、法務省が一九八二年から二〇〇四年までに難民と認定したのは合計三三〇人に過ぎない（二〇〇四年は一五人）。その間に人道的配慮で在留を認められた二八四人（〇四年は九人）を加えても、六〇〇人をわずかに超えるだけだ。日本の言行不一致は、カナダ（ＧＤＰ世界第一二位）がパレスチナやアフリカ諸国など世界各地で避難民や難民を救援するにとどまらず、毎年一～三万人以上の難民を受け入れているのとは、対照的である（一八六ページ参照）。

少数者に冷たい社会

あえて加えると、日本自身が、世界に模範となる民主主義や人権保護を国内でどれほど実行しているかという点も問われよう。

世界的に見れば、日本は治安、民主主義、平等、社会保障、男女平等などの点で高い水準にある。しかし、たとえば政府の憲法違反が疑われる案件について最高裁判所が判断を回避し、政府が地域の声（たとえば過去六〇年間も米軍基地の整理縮小を訴え続けてきた沖縄の世論）に耳を傾けず、人々が一部のテレビ番組や職場における明らかな性差別や人種差別を許容し、在住の外国人学生や一般市民が受ける差別に関心を払わず、学校行事で国歌斉唱を強制するのは、成熟した民主主義とは言い難い。

一方、英仏二公用語政策、多文化主義政策、「権利と自由の章典」に沿った人権尊重主義、戦時中強制収容した日系人への謝罪と補償、公的機関や民間企業で大幅に実現している男女参画社会、政府とNGOとの連携に見られる「市民社会」の模索、教育などの分野における地域の独自性、憲法で認められた先住民権……などを特色とするカナダとは、日本はかなり異なる。

日本の保守系政治家たちは、ナショナリズムや愛国主義を唱え、諸外国における飢餓や貧困には多額の援助で対応する一方で、人権侵害や難民問題にはほとんど関心を払わない。日本国内に住む外国人についても、日本の文化や慣習を押しつけ、それを受け入れない「異分子」には排他的に対応するという傾向がないだろうか。日本に住む韓国・朝鮮人が、いまだに偏見や差別的待遇を受けているのは、周知のとおりである。カナダのような寛容さと人権尊重が、日本にもあるだろうか。国内で多民族・多文化の共存や融合を実行しないとすれば、人類にとって普遍的な価値観をもって国際的にそのような共存・融合を図ることができるだろうか。

そもそも、日本人の起源については、さまざまな人種の混合であろうという雑種説がほぼ通説になっている。古来日本では、アジア大陸からの渡来人がさまざまな文化をもたらすとともに、いろいろな分野で活躍した。あるいは日本の遣唐使が、中国で学んだことを持ち帰っただけでなく、中国の宮廷人として受け入れられることもあった。

米国生まれの作家・リービ英男は、「島国から大陸へ、大陸から島国へ、人は動き、異言語に染まりながら、生きていた。単なる『文化交流』ではない」と書いて、古代の「おおらかさ」に思いを馳せている（『朝日新聞』二〇〇四年一二月一二日朝刊）。おそらく天皇制も、移入されたものであろう。天皇・明仁自身が二〇〇一年末、「桓武天皇の生母が百済の武寧王の子孫であったと続日本紀に記されている」と発言して話題を呼んだが、男系男子による天皇の万世一系説も多くの歴史家から疑問視されている。リービ英男が思い描く一三〇〇年前のころから漢字、仏教、儒教、書画、衣食や行事を含む風習が日本に伝わったことはよく知られている。小熊英二によれば、かつての「大日本帝国」は「多民族国家」であった（『単一民族神話の起源―「日本人」の自画像の系譜』新曜社）。

明治以降は、欧米から政治制度、技術、教育制度、芸術、ファッションなどが移入され、今日の日本では盆や七五三とクリスマスやバレンタイン、神道や仏教やキリスト教にもとづく結婚式や葬式、洋服と和服、和食・洋食・中国料理・韓国料理・フランス料理・イタリア料理などが混在して受け入れられている。「方言」に見られるように、地方の文化も多様だ。

こうして見ると、日本も立派な多文化主義の国である。多くの研究者や一般庶民にとって、日本の真の「主流文化」とは何か、よくわからない、というのが本音であろう。それにもかかわらず、一部の政治家や評論家の口から、「日本的伝統」への回帰が唱えられる。これは「国際化」への過敏とも言える反動であろうが、排他主義を生む危険性がある。

日本とカナダ

もしも、「世界で尊敬できる国」という一覧表があるとすれば、世界の国々と人々は、日本とカナダのどちらを上位に挙げるだろうか。経済大国で、国連拠出金世界第二位、「平和憲法」を有しながら軍事力が世界で五位以内、政府援助額も世界屈指という一方で、難民受け入れにきわめて消極的、核軍縮や国際刑事裁判所への加入に積極的な取り組みを見せない日本だろうか。それとも、経済力も国連拠出金額も軍事力も政府援助額もはるかに劣りながら、国連平和維持・構築活動、国際刑事裁判所の創設、対人地雷禁止条約の促進、人間の安全保障、難民受け入れなどに力を入れてきたカナダだろうか。

外交・防衛政策であたかも米国に従属し、四万人を越える駐留米軍を憲法はじめ国内法の枠外、すなわち治外法権下においているかに見える日本と、米国と軍事的相互運用を図る一方で、米国に対してはあくまで自らの主権の維持を優先しようとするカナダ。内外政策に言行不一致が指摘される日本と、内政と外交の間にそれほどの乖離が見られないカナダ。どちらがより信頼できる国として世界的に評価されるだろうか。

日本の国際貢献、あるいは国連貢献について批判的なのは、上記の河辺のような研究者だけではない。一〇年間も国連難民高等弁務官として活躍し、二〇〇三年一〇月から国際協力機構（ＪＩＣＡ）の理事長を務める緒方貞子も、日本が国連や開発援助に財政的に寄与していることは認めつつ、次のような問題を指摘している。

日本は財政面で貢献しているのに何ら地位を得ていないと不満を持つが、その貢献のわりには政策論や国際的な共通理解の問題での主導力がない。自分の利害だけではなく、自分の利害を全体の中で位置づけ、全体の利害を強化する政策を示していくのが国連外交です。日本は安保理を通じて世界平和と加盟国全体の利益をどう調整し、拡大するか、指針を示していく必要があるでしょう（『朝日新聞』二〇〇五年三月二〇日朝刊）。

米国について言えば、五百旗頭真の次の言葉（「国連中心主義と日米基軸主義——三つの戦後における模索」〈『朝日総研レポート』二〇〇三年一二月号〉）を引用すれば足りるだろう。

現在の国連は、国際的な正義とか、秩序とかを支える存在ではありません。……それでも、国際社会の全体的な意向を取りまとめる場としては、国連以外の場が存在しないことも事実です。「有志連合になればいい」とワシントンが言うと、それに賛成する人もいますが、それは早計だと思います。

他方、アメリカは剣を持っています。力も経済力も持っているし、情報力も持っています。しかし、むき出しの力はもろく、……むしろ正当性とソフトパワーを失わせてしまうものともなります。……力におごらず、国際的な協調の枠組をつくることが求められているのだと思います。

「カナダは、経済的・軍事的・社会的にきわめて密接な関係をもつ同盟国・米国の意向に反して、なぜイラク戦争に加わらなかったのか」というテーマで書いた本の最後で、日本の外交政策を批判する結果になった。日本に厳しく、カナダに甘い、という指摘もあろう。しかし、日本は、はたしてカナダと同様の国際協調政策をとることができなかったのか。なぜカナダにできて、日本にできなかったのか。日本は国際社会に通じるどのようなソフトパワーをもち、それを世界の平和と安定のためにどう活かせるのか。本書がこうしたことについて考えるヒントを与えてくれれば、筆者としては望外の喜びである。

本書の出版にあたっては、多くの方々のお世話になった。まずは、多忙にもかかわらず初稿を丁寧に読んで間違いを指摘し、また多くの貴重な示唆を与えてくれた愛知大学助教授の河辺一郎氏と同僚の桜美林大学教授・竹本徹氏に心より感謝を申し上げる。家族の激励と遠慮ない指摘にも負うところが大きい。多くの先行研究にも助けられた。さまざまな情報と見解の検索を容易にしてくれたインターネットには、どうお礼を言えばよいのだろうか。

出版を快諾してくれた高文研の梅田正己代表と編集担当の真鍋かおる氏、そして本書をカナダ首相出版賞に選んでくれたカナダ政府と選考委員の皆さんにも、厚くお礼を申し上げる。

なお、編集上の都合により、引用箇所にそれぞれの文献を挙げることはせず、最後に一覧を掲載することにした。著作権者と読者のご了承を賜りたい。

二〇〇五年六月

吉田　健正

/articles/feb03/scondva_feb18-03.pdf

● Ignatieff, Michael, "Canada in the Age of Terror-Multilateralism Meets a Moment of Truth," *Policy Options*, February 2003, pp. 14-18.（上記の Walker, Graham F.（ed.） *Independence in an Age of Empire: Assessing* Unilateralism and Multilateralismやウェブサイトhttp://www.irpp.org/po/archive/feb03/ignatieff.pdfにも転載されている）。

● Rauf,Tariq. "Canada's Perspectives on NMD:a lecture at the Forum on The Missile Threat and Plans for Ballistic Missiles Defense: Technology, Strategic Stability and Impact on Global Security"（Societa Italiana per la Organizzazione Internazionale - SIOI Rome, Italy）, Jan. 18-19, 2001）. <http://www.mi.infn.it/~landnet/NMD/>

●Molat, Maureen and Fen Osler Hampson, *Canada Among Nations 2000: Vanishing borders.* Don Mills, Ontario: Oxford University Press, 2000
●Nye, Joseph S. Jr. *The Paradox of American Power: Why the World's Only Superpower Can't Go It Alone.* Oxford University Press, 2002（山岡洋一訳『アメリカへの警告——21世紀国際政治のパワー・ゲーム』日本経済新聞社,2002）
●——.Bound to Lead: *The Changing Nature of American Power.* New York: Basic Books,1990.（久保伸太郎訳『不滅の大国アメリカ』（読売新聞社、1990年）
●Patrick, Stewart and Shepard Forman, eds. *Multilateralism and U.S. Foreign Policy: Ambivalent Engagement.* Boulder, Col.: Lynne Rienner, 2002
●Pearson, Lester B.（edited by John A. Munro and Alex. I. Inglis）. *Mike: The Memoirs of the Right Honourable Lester B. Pearson*（Volume II）.University of Toronto Press, 1973
●Roach, Kent. *September 11: Consequences for Canada.* Montreal & Kingston: McGill-Queen's University Press, 2003
●Trudeau, Pierre Elliott, *Memoirs.* Toronto: McClelland & Stewart, 1993
●Thompson, John Herd and Stephen J. Randall. *Canada and the United States : Ambivalent Allies.* Athens, Georgia: University of Georgia Press, 1994
●Underhill, Frank.H. *In Search of Canadian Liberalism,* Toronto:Macmillan,1960
●Walker, Graham F.（ed.）*Independence in an Age of Empire: Assessing Unilateralism and Multilateralism.* Halifax: The Centre for Foreign Policy Studies, Dalhousie University, 2004

【英語論文】

●Drache, D.."The Canadian bourgeoisie and its national consciousness," in Ian Lumsden, ed. *The Americanization of Canada.* Toronto:. University of Toronto Press, 1970
●Fry, Henry H. "An Historical Overview of Canada-U.S. Trade Relations", in P.P. Proulx, ed. *Canada-United States Trade Liberalization and Socio-Economic Integration: U.S Perspectives.* Montreal: The Institute for Research on Public Policy, 1990.
●Granatstein, J.L. "A Friendly Agreement in Advance: Canada-US Defense Relations Past, Present, and Future," C.D. Howe Institute Commentary. No. 166 （June, 2002）
●——."Presentation to House of Commons Standing Committee on National Defence and Veterans Affairs（SCONDVA）"（Feb.18, 2003）http://www.ccs21.org

【英語著書】

● Adams、*Michael. Fire and Ice: The United States, Canada and the Myth of Converging Values.* Toronto: Penguin Books Canada, 2003

● Atwood, Margaret. Survival. *Survival: A Thematic Guide to Canadian Literature.* Toronto: McClelland & Stewart. 1972 （加藤 裕佳子訳『サバィバル―現代カナダ文学入門』御茶の水書房、1995）

● Axworthy, Thomas, ed. *Our American Cousins: The United through Canadian Eyes.* Toronto: James Lorimer, 1987.

● Barber, Joseph. Good Fences Make Good Neighbors: Americanizing Torrent. McClelland and Stewart, 1958

● Bercuson, David J. *Maple Leaf against the Axis: Canada's Second World War .* Calgary: Red Deer Press, 1995 （池内光久・立川京一訳『カナダの旗の下で――第二次世界大戦時におけるカナダ軍の戦い』彩流社、2003）

● Carment, David, Fen Osler Hampson and Norman Hillmer, eds. *Canada among Nations 2003: Coping with the American Colossus.* Don Mills, Ontario: Oxford University Press, 2003

● Granatstein, J.L. *Yankee Go Home?: Canadians and Anti-Americanism.* Toronto: HarperCollins, 1991

● Granatstein, J.L. and Norman Hillmer. *For Better or for Worse: Canada and the United States to the 1990s.* Toronto: Copp Clark Pitman, 1991

● Grant, George. *Lament for a Nation.* Toronto: McClelland and Stewart, 1965

● Johnson, Chalmers, Blowback: *The Costs and Consequences of American Empire* New York: Henry Hold, 2000.（鈴木主税訳『アメリカ帝国への報復』集英社,2000）

● Johnson, Chalmers, *The Sorrows of Empire: How the Americans Lost Their Country* .Metropolitan Books 2004

● Lipset, Seymour Martin. *The First New Nation: The United States in Historical and Comparative Perspective.* New York: Doubleday, 1967 （内山秀夫・宮沢健次訳『国民形成の歴史社会学――最初の新興国家』未来社、1972）

● Lumsden,Ian, ed. *Close the 49th Parallel.* Toronto: University of Toronto Press, 1970

● MacKay, R.A., *Canadian Foreign Policy 1945-1954: Speeches and Documents.* Toronto: McClelland and Stewart, 1971

● Martin, Lawrence,*The presidents and the prime ministers : Washington and Ottawa face to face : the myth of bilateral bliss, 1867-1982.*Toronto: Doubleday,1982

【参考文献】

【邦語著書】

●足立研幾『オタワプロセス——対人地雷禁止レジームの形成』有信堂、2004
●小熊英二『単一民族神話の起源——「日本人」の自画像の系譜』新曜社、1995
●グラナツティン、セイウェル、吉田健正共編（吉田健正訳）『カナダの外交——その理念と政策』御茶の水書房、1994
●河辺一郎『国連と日本』岩波書店、1994
●　同　『日本外交と外務省』高文研、2002
●　同　『国連政策』日本経済評論社、2004
●木村和男編『カナダ史』山川出版社、1999
●香西　茂『国連の平和維持活動』有斐閣、1991
●櫻田大造『カナダ外交政策論の研究』彩流社、1999
●櫻田大造・伊藤剛編著『比較外交政策——イラク戦争への対府外交』明石書店、2004
●猿谷　要編『アメリカよ！』弘文堂、2003
●篠田英朗『平和構築と法の支配——国際平和活動の理論的・機能的分析』創文社、2003
●高柳彰夫『カナダのＮＧＯ——政府との『創造的緊張』をめざして』明石書店、2001
●日本国際連合学会編『民主化と国連』国際書院、2004
●馬場伸也編『ミドルパワーの外交』日本評論社、1989
●本間　浩他『各国間地位協定の適用に関する比較論考察』内外出版、2003
●武者小路公秀『人間安全保障論序説——グローバル・ファシズムに抗して』国際書院、2003
●最上敏樹『人道的介入——正義の武力行使はあるか』岩波書店、2001
●　同　『いま平和とは—「新しい戦争の時代」に考える』日本放送出版協会、2004
●吉田健正『国連平和維持活動——ミドルパワー・カナダの国際貢献』彩流社、1994
●　同　『カナダ——20世紀の歩み』彩流社、1999

【邦語論文】

●五百旗頭　真「国連中心主義と日米基軸主義——三つの戦後における模索」『朝日総研レポート』（朝日新聞社総合研究本部発行）、No.165（2003年12月）
●日本国際政治学会編『国際政治』113号（2003年8月）
●藤原帰一「帝国の戦争は終わらない」『世界』No.713（2003年５月）
●最上敏樹「だれが国連体制を立て直すか——多国間主義に背を向けてきた米、日本」『朝日総研レポート』（朝日新聞社総合研究本部発行）、No.165（2003年12月）
●　同　「造反有理——この、理を尽くさぬ戦争について」『世界』No.713（2003年5月）

■1972　［加］シャープ外相、対米依存関係を弱めて対外関係の多様化を目指す「第三の選択」を発表

■1973　［加］連邦下院、米国の北ベトナム爆撃を非難。［米］パリ平和協定→ベトナム戦争終結（75）

■1975　［加］トルドー政権、外国投資審査庁を設置→米国の対加投資を規制

■1979　［加］国有石油会社ペトロ・カナダを設立

■1980　［米］中国と外交関係樹立。［加］国家エネルギー政策を採択

■1982　［加］ケベック州住民、州政府の主権連合構想を否決

■1984　［加］修正条項と「権利と自由の章典」を追加して憲法を英国から移管

■1985　［加］マルルーニー政権、外国投資審査庁を廃し、カナダ投資庁を設立

■1989　米砕氷船が北極海航行→米加間で主権論争

■1991　米加自由貿易協定（FTA）発効。東欧諸国で共産主義体制崩壊→冷戦終結
［米］湾岸戦争勃発カナダ参戦

■1994　メキシコを含む北米自由貿易協定（NAFTA）発効

■1995　［加］ケベック州住民、州政府の主権連盟構想を僅差で否決

■1996　［加］アクスワージー外相、対人地雷全面禁止条約締結を呼びかけ（オタワ・プロセス）→オタワで122カ国が調印

■1999　［加］ヌナブット準州成立

■2001　［米］同時多発テロ。［加］国境警備を強化し、対テロ法制定。米加国境安全保障協定に調印。［米］英国などの支援を得て、アフガニスタン攻撃を開始。［加］アフガニスタンにおける米国主導の対テロ戦争に派兵

■2002　国連安保理、決議1441を採択。［米］ブッシュ大統領、「先制攻撃」を正当化するブッシュ・ドクトリンを発表

■2003　米国主導の有志連合、イラクを攻撃。カナダは参戦せず。［加］クレティエン首相の後任にポール・マーティン前財務相

■2004　［加］マーティン首相率いる自由党、総選挙で308議席中135議席を得て少数党内閣を組織［米］ブッシュ大統領再選

■2005　［加］米国のミサイル防衛（ＭＤ）構想不参加を表明

■1933　［米］ローズベルト大統領、ニューディール政策を発表

■1935　米加、互恵通商条約に調印

■1938　［米］ローズベルト大統領、カナダ防衛を約束

■1939　ドイツ、ポーランドに侵攻→第一次世界大戦勃発（〜45）。［加］1週間後に宣戦布告

■1940　キング首相とローズベルト大統領、オグデンズバーグ（ニューヨーク州）で常設合同防衛委員会の設立に合意

■1941　［米］武器貸与法。［加］米国の原爆開発に協力（〜45）。米加両首脳、ハイドパーク（ニューヨーク州）で軍需生産協定に調印。同年、経済協力と軍需生産調整を協議。日本海軍が真珠湾を攻撃→太平洋戦争（〜45）。［米］第二次世界大戦に参戦、［加］対日宣戦布告

■1942　米国とカナダで日系人を強制移動・収容

■1943　［加］第1回ケベック会議でローズベルト米大統領とチャーチル英首相が戦略を協議

■1944　［加］第2回ケベック会議で米加両首脳が戦後ドイツの処遇を協議

■1945　米加、国連に加盟

■1949　米加、ＮＡＴＯに加盟

■1950　［米］マッカーシズム（〜54）。朝鮮戦争勃発→［加］国連軍に参加（〜53停戦）

■1951　［米］［加］対日講和条約に調印。［米］日米安全保障条約に調印

■1954　［加］対ソ・レーダー網を設置

■1956　［加］スエズ危機。ピアソン外相、国連緊急軍派遣を提唱→史上初の国連平和維持活動

■1957　北米防空協定（NORAD）→1981年に「北米航空宇宙防衛協定」に改称

■1960　［米］日米安全保障条約を改定。［加］ケベックで「静かな革命」。カナダで核弾頭装備をめぐるボマーク・ミサイル危機

■1962　［米］キューバ・ミサイル危機。ＮＯＲＡＤ、警戒態勢に

■1965　米加自動車協定。［加］新国旗制定

■1967　［加］連邦結成百年祭。移民にポイント制

■1969　［加］公用語法制定→英仏語を連邦政府機関の公用語に。カナダ・ラジオ・テレビ通信委員会、カナダ・コンテント規則を発表

■1970　［加］ケベック解放戦線が誘拐・殺人事件→10月危機。トルドー内閣、中国を承認

■1971　［加］多文化主義政策採択。［米］ニクソン大統領、財政赤字と国際収支赤字によるドル危機に対して、ドルと金の交換性停止と輸入課徴金賦課を発表→ニクソン・ショック

■1827　英米、太平洋沿岸北西部の共有に合意
■1841　［加］東部カナダと西部カナダが合体→統合カナダ
■1845　［米］ジョン・O・サリバン、雑誌に「明白な（天与の）運命」論を発表
■1846　メキシコ戦争（〜48）、北米大陸南西部が米国領に
■1849　英米オレゴン条約→米国が太平洋沿岸北西部を単独領有
■1861　［米］カリフォルニアでゴールドラッシュ・南北戦争勃発（〜65）
■1863　［米］奴隷解放宣言
■1867　［加］英領北アメリカ法によりオンタリオ、ケベック、ノバスコシア、ニューブランズウィックで構成するカナダ連邦を結成
■1870　［加］カナダ政府、ハドソン湾会社からルパーツランドを購入
■1880　［米］中国と中国人移民排斥条約
■1885　［加］カナダ太平洋鉄道完成
■1898　［米］米西（アメリカ・スペイン）戦争。パリ条約→米国がキューバ、プエルトリコ、グアム、ウエーキ島、フィリピンを取得。ハワイ併合
■1903　米英間でアラスカ境界線交渉→米国に有利に解決
■1907　［加］バンクーバーで暴徒が中国人街と日本人街を襲撃。日本、対加移民の制限に同意（→1908、ルミュー協定）
■1908　［米］日米、日本人移民を制限する「紳士協定」に調印
■1909　［加］対外関係省創設。国境沿線の水資源を保全・管理するため米加合同委員会を設置
■1911　米加通商協定締結
■1914　第一次世界大戦勃発。英国の宣戦布告により、カナダも第一次世界大戦に参戦
■1917　［米］ドイツとオーストリア・ハンガリーに宣戦布告
■1918　［米］ウィルソン大統領「一四カ条」。第一次世界大戦終結
■1919　［加］ベルサイユ講和条約に調印、国際連盟に加盟。［米］連邦上院、ベルサイユ条約と国際連盟加盟を拒否
■1921　ワシントン軍縮会議→1922、日英同盟廃棄
■1923　［加］米国と単独でオヒョウ条約を締結
■1926　英帝国会議、バルフォア宣言を採択→カナダなどドミニオンに外交権。［加］米国に公使館設立
■1928　英国、カナダに高等弁務官派遣。［加］フランスに外交代表部。日本、在加総領事館を公使館に昇格
■1929　世界大恐慌始まる。［加］日本に公使館設立
■1931　英国議会、ウェストミンスター法を採択→カナダなどドミニオンに完全な内政・外交権。英連邦発足

◆カナダ・アメリカ関係略年表

■1492　イタリアの探検家コロンブス、カリブ海バハマ諸島に到着
■1497　イタリア出身の探検家ジョン・カボット、ニューファンドランド沿岸に到着
■1534　フランスのジャック・カルチエ、現在のカナダ大西洋沿岸を探検
■1583　ニューファンドランド、英国最初の海外植民地になる
■1603　フランスの探検家サミュエル・ド・シャンプレン、セントローレンス川から現ケベック市に到着→1608、ケベックに砦を建設
■1607　［米］英国、ジェームズタウン植民地を設置
■1620　［米］ピルグリム・ファザーズ、メイフラワー号で北米に到着
■1627　フランス、北米植民地を管理するニューフランス会社を設立
■1670　英国の貿易商人一団がハドソン湾会社を設立
■1754　北米の英米軍間でフレンチ・インディアン戦争（7年戦争）勃発（→1760年、仏軍降伏）
■1763　パリ講和条約により、英国はミシシッピー川以東のフランス領を確保。ニューフランスは英国領のケベックとなる
■1763　英国、国王宣言によりアパラチア山脈以西の土地をインディアン保留地と指定し、植民者たちの取得・入植を禁止
■1764　［米］英国議会、砂糖法を採択し、全植民地に紙幣発行を禁止
■1765　［米］英国議会、印紙税法を採択→13植民地で対英暴動が相次ぐ
■1773　［米］茶税法→ボストン茶会
■1774　英国議会、ボストン茶会事件に対して、一連の「屈辱的法律」を制定。その一つケベック法により、ケベックにおけるフランス語使用とカトリック教信仰を容認。インディアン保留地を縮小・維持、ケベックを拡大
■1775　［米］独立戦争勃発
■1776　［米］独立宣言
■1776～　ロイヤリストが英国領北アメリカ植民地（ノバスコシア、プリンス・エドワード島、ケベック）に逃亡
■1778　フランスが米国と同盟関係を結んで英国に宣戦布告
■1783　パリ条約（84年批准）→イギリス、米国独立を承認
■1788　［米］憲法批准→1789、ワシントンが初代大統領に
■1791　［加］ケベック、ローワー・カナダ（現ケベック州）とアッパー・カナダ（現オンタリオ州）に分割
■1803　［米］ルイジアナ購入
■1812　北米で1812年（第二次英米）戦争（～14、ヘント条約により講和）
■1817　英米間のラッシュ・バゴット条約により、五大湖を非軍事化
■1823　［米］モンロー・ドクトリン

吉田　健正（よしだ・けんせい）
1941年沖縄県糸満市で生まれる。ミズーリ大学および同大学院でジャーナリズムを専攻。沖縄タイムス、AP通信社（東京支局）、Newsweek（同）の記者、在日カナダ大使館勤務をへて、1989年から桜美林大学国際学部教員。
主な著書に『国連平和維持活動——ミドルパワー・カナダの国際貢献』（彩流社）、『カナダ——20世紀の歩み』（彩流社）、『カナダ史』（共著、山川出版社）、*Democracy Betrayed: Okinawa under U.S. Occupation*（『裏切られた民主主義——米国占領下の沖縄』（Western Washington University）、『沖縄戦　50年後の証言——米兵は何を見たか』（彩流社）、『戦争はペテンだ——バトラー将軍にみる沖縄と日米地位協定』（七つ森書館）など。

◇本書は「2004／2005年度カナダ首相出版賞」を受賞した。

カナダはなぜイラク戦争に参戦しなかったのか

●二〇〇五年七月一五日——第一刷発行

著　者／吉田　健正

発行所／株式会社 高文研
東京都千代田区猿楽町二—一—八
三恵ビル（〒一〇一=〇〇六四）
電話　03=3295=3415
振替　00160=6=18956
http://www.koubunken.co.jp

組版／Web　D（ウェブ・ディー）

印刷・製本／株式会社シナノ

★万一、乱丁・落丁があったときは、送料当方負担でお取りかえいたします。

ISBN4-87498-344-8　C0036